AF454459

QU'EST-CE QU'UNE RELIGION?

DÉFINITION SOCIOLOGIQUE

SCIENTOLOGY:
ANALYSE ET COMPARAISON DE SES DOCTRINES ET SYSTÈMES RELIGIEUX

QU'EST-CE QU'UNE RELIGION?

DÉFINITION SOCIOLOGIQUE

SCIENTOLOGY: ANALYSE ET COMPARAISON DE SES DOCTRINES ET SYSTÈMES RELIGIEUX

Dr. Bryan R. Wilson,

Membre émérite

Université d'Oxford

Angleterre

Fundación para la Mejora de la Vida, la Cultura y la Sociedad [Fondation pour l'amélioration de la vie, la culture et la société], fondation reconnue d'utilité publique, avec Statut Consultatif auprès de l'ECOSOC de l'ONU depuis 2019

ISBN 978-84-122470-2-2

Publié initialement en anglais en février 1995 par l'Église de Scientologie Internationale.

INDICE

I. La diversité des religions et les problèmes de définition

12

I. I. *Les définitions de religion*

Il n'existe pas de définition fixe de religion qui soit généralement acceptée par les spécialistes en la matière. Parmi les nombreuses définitions qui ont été avancées, on peut néanmoins identifier un certain nombre d'éléments fréquemment invoqués qui apparaissent sous diverses combinaisons. Les voici :

(a) Des croyances, pratiques, affiliations et institutions afférentes à:

1) des forces, des êtres ou des buts surnaturels ;
2) une ou des puissances spirituelles non visibles ;
3) la préoccupation ultime de l'Homme ;
4) des éléments sacrés (mis à l'écart et interdits) ;
5) un objet de dévotion spirituelle ;
6) une entité contrôlant la destinée de l'Homme ;
7) la raison d'être ;
8) une source de connaissance et de sagesse transcendante.

(b) Des pratiques reflétant l'obédience, le respect ou la vénération.

(c) Le caractère collectif ou de groupe, de la vie religieuse.

Même s'il est rarement fait mention de causalité dans les définitions de religion, « l'expérience d'un contact avec le monde du spirituel » est parfois mentionnée. Les conséquences et les fonctions de la religion consistent en :

(a) le maintien d'une communauté morale;

(b) l'octroi d'une identité de groupe et/ou individuelle;

(c) un cadre d'orientation;

(d) un univers explicite humainement élaboré;

(e) un réconfort et un bien-être respectant des perspectives d'aide et de salut.

La religion est toujours normative, mais les religions différant les unes des autres, les spécialistes modernes en sociologie des religions et en religions comparées cherchent plutôt à débattre du normatif, sans pour autant s'y impliquer.

Cependant, la diversité des croyances, des rites et des associations est telle que toute tentative de définir une religion se heurte à la difficulté d'y englober toutes les formes de religion connues.

I. II. Utilisation originelle du concept

Dans le passé, le concept de « religion » a souvent été identifié avec les manifestations concrètes des croyances et pratiques présentes dans la société occidentale. Sauf en ce qui concernait les chrétiens, les israélites et les musulmans, il était généralement admis que les membres d'autres cultes n'avaient pas de religion à proprement parler. C'étaient des « païens ». Les théologiens qui employaient le terme religion avaient tendance à sous-entendre qu'il s'agissait du christianisme. En Angleterre, le fait de mentionner le christianisme voulait souvent dire la foi telle qu'elle était établie par l'Église d'Angleterre.

Cette notion restreinte s'est estompée petit à petit, à mesure de la découverte des systèmes de croyance orientaux, et l'étude de la religion a depuis transcendé les étroites restrictions de perception normative de la théologie chrétienne traditionnelle. Depuis lors, la religion est devenue un objet d'étude dans les disciplines universitaires (spécialement les sciences sociales) qui abordent ce sujet de manière objectivement neutre et sans supposer une éventuelle affiliation à une religion spécifique ou à une préférence pour l'une d'entre elles.

I. III. Préjugés culturels et définition de religion

Dans les faits, la mise en place d'une neutralité absolue dans les études théologiques a été plutôt lente. En fait, il existe encore des préjugés, comme le font ressortir certaines études comparatives des religions. Même dans le cadre des sciences sociales, qui reposent normalement sur un principe d'analyse objective, on remarque certains préjugés dans les travaux effectués pendant l'entre-deux-guerres. En particulier, on supposait librement, assez souvent, qu'un processus d'évolution théologique similaire à celui de l'évolution biologique s'était produit, et que la religion adoptée par les pays les plus développés était forcément « meilleure » que les autres. Pour d'autres (notamment James Frazer), la religion était l'une des étapes de l'évolution, partant de la magie jusqu'à la science.

I. IV. Emploi contemporain du concept

Aujourd'hui, les sociologues, suivis de plus en plus par les théologiens, emploient le concept de façon neutre, sans a priori, et ne mentionnent plus qu'une religion est plus authentique qu'une autre. On n'estime plus que la croyance en une seule déité est une forme supérieure de religion par rapport à la croyance en plusieurs déités ou en aucune. Il est admis qu'une religion puisse reposer sur le principe d'un Dieu anthropomorphe, d'une autre forme quelconque de divinité, d'un Être suprême, d'une pluralité d'esprits ou d'ancêtres, d'une loi ou d'un principe universels, ou d'une quelconque autre expression de croyance ultime. Certains théologiens chrétiens tels que Rudolf Bultmann, Paul Tillich, Paul van Buren et John A. T. Robinson ont abandonné la représentation traditionnelle des divinités et préfèrent mentionner la « raison d'être » ou la « préoccupation ultime ».

I. V. Élargissement du concept

À partir du moment où les anthropologues ont émis l'hypothèse qu'il n'existait pas d'exemples clairs de sociétés dépourvues de croyances surnaturelles et d'institutions qui n'y croyaient pas, ils en ont conclu, qu'au sens large du terme, il n'existait pas de société sans religion. Le concept de « religion » en est venu à évoquer des phénomènes ayant une ressemblance familière plutôt qu'une identité partagée, et la religion a cessé d'être définie en termes spécifiques à une tradition particulière. Les particularités spécifiques au christianisme et considérées comme essentielles à la définition de religion n'ont plus été considérées comme de simples exemples de ce qu'une définition pouvait englober. La spécification de tels éléments concrets a été remplacée par des formulations plus abstraites embrassant nombre de types de croyances, pratiques et coutumes qui, bien que n'étant pas intrinsèquement identiques, pouvaient être considérées pratiquement comme des équivalents. L'idée était que chaque société avait des croyances qui transcendaient la réalité empirique connue malgré leurs diversités, et des pratiques conçues dans le but de mettre l'Homme en contact ou en rapport avec le surnaturel. Dans la plupart des sociétés, il existait des individus dont les tâches spécifiques étaient associées à l'accomplissement de ce but. Ces éléments dans leur ensemble en sont venus à être reconnus comme les fondements d'une religion.

I. VI. La diversité religieuse dans les sociétés primitives

Dans les sociétés tribales, qui sont relativement petites, on identifie souvent des rites et des mythes d'une considérable complexité mais qui ne constituent pas pour autant un système logique, stable et unifié au sein de la collectivité. Chaque religion évolue et intègre de nouveaux rites et de nouveaux mythes au contact de populations voisines et d'envahisseurs. Il se peut que différents rites et croyances soient rattachés à différentes situations (par exemple, pour faire venir la pluie, assurer la fertilité des terres, des animaux et des femmes, fournir une protection, sceller des alliances, initier des individus ou des groupes par tranches d'âge, etc.). Toutes ces activités sont conçues pour des agents surnaturels (quelle que soit leur définition) et les spécialistes des religions reconnaissent leur nature religieuse.

I. VII. Diversité religieuse dans les sociétés avancées

Les codes de croyances et les pratiques religieuses dans les sociétés techniquement plus avancées sont généralement d'une articulation plus élaborée, et font souvent preuve d'une plus grande cohérence et stabilité. Mais même au sein des systèmes développés, il persiste des éléments de diversité. Il n'existe pas, au sein des différentes grandes religions du monde, de système théologique ou de schématisation des croyances concernant le surnaturel qui soit totalement cohérent. Il existe toujours des éléments inexpliqués. On trouve également les vestiges d'anciennes orientations religieuses, par exemple des éléments provenant de religions populaires et persistant au sein de la population. Les Écritures sacrées de toutes les grandes religions renferment des contradictions internes et des incohérences. Celles-ci, ainsi que d'autres sources, suscitent des vues différentes parmi spécialistes des religions qui embrassent différents schémas d'interprétation et principes d'exégèse parfois inconciliables, provenant de différentes traditions, même au sein de ce qui est largement considéré comme une orthodoxie.

I. VIII. Développement du pluralisme religieux

Au sein des sociétés avancées, une dissidence délibérée et consciente d'orthodoxies doit être considérée comme un phénomène normal. Les chrétiens, les israélites et les musulmans sont non seulement divisés au sein de leurs orthodoxies, mais également avec des groupes de dissidents rejetant toute forme d'orthodoxie et se conformant à un modèle divergeant de pratiques religieuses (ou rejetant la religion dans sa totalité). La dissidence se remarque surtout dans des contextes où l'exclusivité religieuse domine, c'est-à-dire dans ceux où un individu doit renoncer à toute autre religion s'il désire adhérer à l'une d'entre elles en particulier, un type d'engagement rigoureusement appliqué dans les traditions judéo-chrétiennes-islamiques. Dans les pays européens, les gouvernements étatiques cessant d'imposer des formes spécifiques de religion, les mouvements qui faisaient l'objet de dissidence religieuse ont été tolérés et certains privilèges religieux et généraux leur ont été accordés. Ils en sont même arrivés à jouir d'une liberté religieuse générale, identique à celle adoptée constitutionnellement aux États-Unis. La situation qui règne aujourd'hui d'un grand nombre de confessions différentes vivant en bonne intelligence les unes avec les autres est connue sous le nom de « pluralisme religieux ».

I. IX. Les approches normatives et neutres de la religion

En règle générale, une religion établit certaines légendes (mythes) et certains préceptes concernant le surnaturel auxquels on est censé croire. Elle formule des actions rituelles. Elle est à la base de coutumes (au sens large des habitudes collectives d'agir, que ce soit à un niveau rudimentaire et personnel ou en tant que système complexe de comportement, de procédés et de conservation de la propriété).

Parfois elle stipule également des règles de conduite morale, même si la rigueur de telles stipulations et sanctions attachées à la moralité varie considérablement. Mais, du moins, la religion définit des obligations et promet des récompenses sous forme de bénéfices de source surnaturelle si l'on s'y conforme. La religion constitue un système normatif. Les personnes responsables de l'instruction religieuse (ou théologiens pour le christianisme, mais ce terme n'est pas approprié dans le cadre d'autres religions) soutiennent et apprécient bien sûr de telles normes.

En contraste, les sociologues ne considèrent les valeurs qu'une religion reconnaît que comme des faits, n'appuyant ni ne déniant leur raison d'être ou leur mérite. Cette approche ressemble aux principes de la loi déclarant que celle-ci ne doit pas faire de discrimination entre les religions. La religion étant normative et ayant intellectuellement et principalement constitué le domaine réservé des théologiens, on trouve dans toutes les sociétés développées un héritage du langage parlé à propos de la religion qui porte le sceau normatif de l'engagement religieux. Il est ici jugé essentiel d'éviter les préférences de valeurs implicites dans un tel langage, et d'employer plutôt la terminologie neutre des sciences sociales, tout en s'efforçant de ne pas froisser la sensibilité de personnes qui pratiquent des activités religieuses. Par conséquent, si l'on désire une véritable égalité des religions, il est nécessaire pour les définir, d'adopter des termes abstraits reflétant la diversité du phénomène religieux.

I. X. La nomenclature « empruntée »

Les premières définitions et descriptions des constituants de base d'une religion faisaient appel à des termes issus de la religion de ceux qui les formulaient. Il est maintenant admis que l'emploi de termes spécifiques à une religion déforme la représentation de toute autre religion et peut fréquemment aboutir à de fausses hypothèses. Les concepts développés au sein d'une tradition culturelle et religieuse spécifique engendreront une mauvaise représentation d'éléments religieux équivalents mais foncièrement distincts dans d'autres religions. Parmi les exemples de ces emplois non appropriés, on peut citer « l'Église bouddhiste », « la Prêtrise musulmane » et, dans le contexte de la Trinité, « les dieux chrétiens ». De plus, même si les actes de vénération, d'hommage, de contemplation ou de consécration sont présents dans toutes les religions développées, les commentateurs ne leur ont pas toujours donné une valeur de culte, car dans le contexte occidental, l'emploi de ce terme est chargé d'idées préconçues et normatives vis-à-vis des attitudes et des actions appropriées. Par exemple, l'équivalent fonctionnel du culte chrétien, en ce qui concerne le conditionnement des comportements des fidèles, est présent dans le bouddhisme mais sa forme en est différente et il est généralement décrit en des termes différents. Par conséquent, si l'on désire une véritable égalité des religions, il est nécessaire pour les définir, d'adopter des termes abstraits reflétant la diversité du phénomène religieux.

I. XI. L'insuffisance inhérente à l'analyse abstraite ou objective

L'emploi d'un langage abstrait, pouvant être considéré comme « clinique » dans le sens qu'il n'est pas contaminé par les traditions spécifiques d'une autre religion, ne parviendra pas à rendre compte des qualités intrinsèques de n'importe quelle foi spécifique, mais reste cependant nécessaire pour une quelconque appréciation. Il ne saurait décrire dans leur totalité les aspects cognitifs et émotionnels des croyances, rites, symbolismes et institutions. Cette approche sociologique permet une comparaison et une explication objectives, mais elle ne prétend pas refléter l'entière substance de la signification intime et de l'attirance émotionnelle qu'une religion a aux yeux de ses propres adhérents et elle ne le fait pas.

II. Les éléments représentatifs d'une religion

II. I. Les principales caractéristiques d'une religion

Conformément aux précédentes considérations, nous allons maintenant indiquer, en termes abstraits et généraux, les principales caractéristiques d'une religion. Ce qui suit n'a pas la prétention de constituer une définition applicable universellement, mais plutôt l'énumération des caractéristiques et des fonctions fréquemment trouvées dans les religions et qui sont identifiées comme telles. Ce sont les suivantes :

(a) la croyance en une ou des entités qui transcende(nt) la perception normale des sens, croyance qui peut même inclure le principe d'un ordre entier d'êtres;

(b) la croyance qu'une telle entité affecte non seulement le monde naturel et l'ordre social mais opère directement sur lui et est même éventuellement à l'origine de sa création;

(c) la croyance qu'à un certain moment du passé, une intervention surnaturelle explicite s'est produite dans les affaires humaines;

(d) la croyance que des entités surnaturelles ont supervisé le cours de l'histoire et la destinée humaine. Lorsqu'on en fait une représentation anthropomorphe, on leur accorde généralement des buts définis;

(e) la croyance entretenue que la destinée d'un homme, au cours de sa vie et dans une ou plusieurs vies futures dépend des relations établies, avec ou en conformité avec de telles entités supérieures;

(f) la croyance habituelle (mais pas systématique) que des entités supérieures dirigent arbitrairement la destinée d'un individu, et que celui-ci peut, en se comportant suivant les normes prescrites, influencer les événements de cette vie ou de sa ou ses vie(s) future(s), ou les deux;

(g) il existe des actions spécifiques à effectuer de façon individuelle, collective ou représentative, autrement dit des rites;

(h) les fonctions d'apaisement perdurent (même dans les religions développées), par lesquelles des individus ou des groupes peuvent implorer l'assistance particulière d'entités surnaturelles;

(i) des expressions de dévotion, de gratitude, d'hommage et d'obédience sont offertes par les croyants ou dans certains cas leur sont imposées, généralement en présence des représentations symboliques de la ou des entités surnaturelles de la foi;

(j) le langage, les objets, les endroits ou les saisons qui sont particulièrement identifiés avec le surnaturel deviennent sacralisés et peuvent devenir en eux-mêmes des objets de vénération;

(k) les rites, l'expression ou l'exposition de la dévotion, les célébrations, les jeûnes, la pénitence collective, les pèlerinages et la reconstitution ou commémoration d'épisodes de la vie terrestre des divinités, des prophètes ou des guides spirituels sont régulièrement pratiqués;

(l) les situations de vénération et d'exposition aux enseignements aboutissent à l'établissement d'un sens communautaire et de relations de bienveillance, de camaraderie et d'identité commune;

(m) les règles morales sont souvent en vigueur parmi les croyants, même si leurs domaines de préoccupation varient. Il se pourrait qu'elles soient formulées en des termes légaux ou ritualistes ou qu'elles soient plutôt exprimées en conformité avec l'esprit d'une éthique plus élevée, moins spécifique;

(n) un but sincère, un engagement soutenu et une vie de dévotion sont requis de façon normative;

(o) selon leurs actions, les croyants accumulent des mérites ou des démérites sensibles à un système moral de récompenses ou de punitions. Le rapport précis entre action et sanction peut aller de l'automaticité pure et simple à la croyance que le démérite peut être annulé par des actes rituels et de dévotion, par la confession et le repentir ou par l'intercession spéciale d'agents surnaturels;

(p) il existe généralement une catégorie spéciale de membres d'un ordre religieux qui servent en qualité de gardiens des objets, des Écritures et des lieux sacrés, ou de spécialistes de la doctrine, des rites et du conseil pastoral;

(q) ces spécialistes sont habituellement rétribués pour leurs services, que ce soit à titre d'hommage, de récompense pour des services spécifiques ou de rétributions instituées;

(r) dans les cas où des spécialistes se consacrent à la systématisation de la doctrine, on spécifie généralement que la connaissance religieuse apporte des solutions à tous les problèmes et explique le sens et le but de la vie, souvent avec des explications sur l'origine et le fonctionnement de l'univers physique et de la psychologie humaine;

(s) la légitimité de la connaissance et des institutions religieuses est affirmée par référence à la révélation et aux traditions : l'innovation est souvent présentée comme une restauration ; et enfin,

(t) la vérité de l'enseignement et l'efficacité des rites ne sont pas sujettes à une vérification empirique, car les buts sont en dernière analyse de nature transcendante et le fidèle doit faire preuve de foi tant en ce qui concerne ces buts qu'en ce qui concerne les moyens arbitraires recommandés pour les atteindre.

Les points mentionnés ci-dessus ne doivent pas être pris pour des conditions sine qua non, mais comme des probabilités. Ils constituent des phénomènes que l'on a généralement découverts de façon empirique. Il convient de les regarder comme un inventaire de probabilités.

II. II. Les caractéristiques non essentielles de la religion

L'inventaire mentionné ci-dessus est établi selon une généralisation très abstraite, les religions représentant concrètement des entités historiques, non pas des systèmes logiques. Elles englobent des principes organisationnels extrêmement différents, des codes de conduite et des modèles de croyance. La généralisation n'est pas facile en de nombreux points, et une fois mis de côté les préjugés (souvent inconscients) de la tradition chrétienne, il devient clair que nombre des points concrets qui, selon le modèle chrétien, passeraient pour être des conditions sine qua non d'une religion, ne se trouvent pas dans d'autres systèmes religieux.

Au cours de l'inventaire susmentionné, on a évité de faire allusion à un Être suprême, ce concept n'étant pas valide pour les bouddhistes theravada (et pour de nombreux bouddhistes mahayana), pour les jaïns et les taoïstes. Le concept de vénération dont on a parlé ci-dessus a des implications très différentes dans le bouddhisme par rapport à ce qu'elle implique pour les croyants du christianisme. L'inventaire ne mentionne pas les credo qui sont particulièrement importants dans la tradition chrétienne mais moins dans les autres religions. Il ne mentionne pas non plus le concept de l'âme, si crucial soit-il dans le christianisme orthodoxe, car la doctrine de l'âme est quelque peu équivoque dans le judaïsme et expressément niée par certains mouvements chrétiens (comme les adventistes du septième jour et les Témoins de Jéhovah qui ont chacun des millions d'adhérents de par le monde, et par les christadelphes et les puritains, Milton y compris, qui sont connus sous la dénomination de moralistes). Il n'y est pas fait référence directe à l'enfer sous aucun des aspects du concept développé par le christianisme, ce point n'existant pas dans le judaïsme. On a fait allusion à la vie après la mort, au singulier et au pluriel, de façon à accommoder les deux variantes des idées chrétiennes de transmigration de l'âme et de résurrection, et les différents aspects de la réincarnation dans le bouddhisme et l'hindouisme.

Aucun de ces points spécifiques ne peut être tenu pour essentiel lorsqu'on cherche à définir simplement ce qu'est une religion.

III. Les systèmes de croyance non-théistes

III. I. Le théisme ne constitue pas une caractéristique essentielle de la religion

Il n'y a pas à revenir sur le fait que le théisme (par exemple le monothéisme, le polythéisme et le panthéisme) ne constitue pas une caractéristique essentielle de la religion. En fait, les spécialistes aussi bien que le grand public considèrent maintenant comme religions des systèmes de croyance qui ne sont absolument pas théistes. Des exemples de ces religions sont donnés ci-dessous.

III. II. Le bouddhisme, une religion non-théiste

Le bouddhisme ne constitue pas un système de croyances théistes mais est cependant généralement reconnu comme une religion, même s'il contraste véritablement avec le christianisme. Alors que le bouddhisme ne nie pas l'existence de dieux, il n'accorde pas à ces êtres le rôle d'Être suprême ou de créateur. Même au sein des sectes de la terre pure du Japon (jodo et jodoshin) où l'on rencontre un engagement catégorique envers l'idée que Bouddha est en lui-même un sauveur, on est loin de considérer Bouddha comme un Dieu-créateur.

III. III. *Les doctrines du bouddhisme theravada*

On estime souvent que le bouddhisme theravada représente la tradition bouddhique la plus proche des enseignements originels de Gautama Bouddha. Ces doctrines ressemblent très peu à celles établies par le christianisme ou par les autres religions monothéistes. Aucun des enseignements du bouddhisme theravada n'implique l'existence d'un Être suprême ou d'un Dieu-créateur. Ces enseignements soulignent plutôt que le monde physique, au lieu d'être le résultat d'un Dieu-créateur, n'a pas de substance, et que l'Homme est tout aussi transitoire et dénué d'une âme immortelle. Toute forme d'existence est caractérisée par la souffrance, et la raison d'être des enseignements bouddhiques vise à libérer l'Homme de cette condition. La situation actuelle de l'Homme est la conséquence de son karma, la loi de cause à effet suivant laquelle les actions des vies antérieures déterminent presque complètement l'expérience des vies suivantes. Les vies étant comme les maillons d'une chaîne de causalité, il existe une « origine conditionnelle » à chaque renaissance. Ainsi, l'Homme n'est pas amené à la vie par un Dieu-créateur et il n'existe aucun concept de Dieu-sauveur, puisque seule la connaissance permet à l'Homme de se libérer de la souffrance de la chaîne des naissances renouvelées. Chaque homme, guidé par l'instruction religieuse, doit tracer sa propre voie sur le chemin de la connaissance. Le bouddhisme ne nie pas l'existence de dieux en tant que tels, mais ces êtres ne constituent pas des objets de vénération et ils ne jouent pas un rôle spécifique. (Ils sont en fait les restes et les accumulations d'autres traditions religieuses que le bouddhisme a intégrés.) Même si les concepts de Dieu-créateur ou de Dieu-sauveur, d'immortalité de l'âme et de punition ou de gloire éternelle ne sont pas présents dans le bouddhisme theravada, il n'en reste pas moins que le bouddhisme s'est vu accorder aisément et universellement le statut de religion.

III. IV. Le jaïnisme, une religion athée

Le jaïnisme est reconnu en Inde et dans les autres pays où il est pratiqué comme une religion et est couramment inclus sur la liste des grandes religions (généralement considérées au nombre de onze). Sir Charles Eliot a écrit à ce sujet : « Le jaïnisme est athée et cet athéisme ne fait l'objet ni d'une excuse ni d'une polémique, il est simplement accepté comme une attitude religieuse naturelle. » Cependant, les jaïns ne nient pas l'existence de devas ou de déités, mais ces êtres sont à l'image des êtres humains, qu'on estime soumis aux lois de la transmigration et du déclin, et ils ne déterminent pas la destinée humaine. Les jaïns croient que les âmes sont individuelles et infinies.

Elles ne font pas partie d'une âme universelle. Les âmes et la matière ne sont ni créées ni détruites. Le salut de l'âme doit être obtenu par la libération des éléments étrangers (karmas) qui l'alourdissent, éléments provenant des actes passionnels des individus. Un tel comportement motive la renaissance dans le règne animal ou dans celui de substances inertes : les actes de mérite entraînent une renaissance parmi les divinités. La colère, l'orgueil, la duplicité et l'avidité représentent les principaux obstacles à la libération de l'âme, mais l'Homme reste maître de sa propre destinée. En se contrôlant, en n'ayant pas de mauvaises intentions envers les autres et en vivant une vie ascétique, il se peut qu'il renaisse sous forme de divinité. Les règles morales du croyant convaincu sont d'être gentil sans attendre de réciprocité, de se réjouir de la bonne fortune des autres et d'avoir de la sympathie envers les criminels. L'auto-mortification annihile le karma accumulé.

III. V. L'école hindouiste du samkhya, religion non-théiste

La religion hindouiste reconnaît l'orthodoxie de six anciennes écoles divergentes. L'un de ces systèmes, le samkhya, n'est ni théiste ni panthéiste. Comme le jaïnisme, le samkhya enseigne que la matière primordiale et l'âme individuelle ne sont ni créées et ni destructibles. L'âme peut être libérée par la connaissance de la vérité de cet univers et par la maîtrise des passions. Dans certains textes, le samkhya dénie l'existence d'une déité suprême individuelle et en tout cas, tout concept de déité est tenu pour superflu et potentiellement auto-contradictoire. Ce sont les mécanismes du karma qui gouvernent les affaires de l'Homme jusqu'au moment où il en arrive à déterminer qu'il désire une libération. Les quatre buts du samkhya sont similaires à ceux du bouddhisme : connaître la souffrance peut permettre à l'Homme de se libérer lui-même, de parvenir à faire cesser cette souffrance, de percevoir la cause de la souffrance (le manque de distinction entre l'âme et la matière) et d'apprendre les moyens de se libérer, à savoir être capable de discerner la connaissance. Comme d'autres écoles, le samkhya enseigne le principe du karma : la réincarnation est une conséquence des actions de chacun et le salut consiste à échapper à ce cycle de réincarnation.

III. VI. *Le caractère non-théiste du samkhya*

Le samkhya inclut une forme de dualisme qui ne dépend pas de l'existence d'un dieu ou de dieux. Il ne s'agit pas de la dualité chrétienne du bien et du mal mais d'une distinction radicale entre l'esprit et la matière. Ils sont tous deux non créés et ils existent indéfiniment. Le monde est le résultat de l'évolution de la matière. L'âme, cependant, ne change pas. L'âme souffre d'être prisonnière de la matière, bien que cette captivité soit une illusion. Une fois que l'âme devient consciente qu'elle ne fait pas partie du monde matériel, le monde cesse d'exister pour elle et elle est libre.

Suivant la théorie du samkhya, la matière évolue, se dissout et stagne. En évoluant, la matière produit l'intellect, l'individualité, les sens, le caractère moral, la volonté et un principe qui survit à la mort et subit la transmigration. En étant en contact avec l'âme, le corps physique devient un être vivant. Ce n'est que par ce contact que naît la conscience, car ni la matière seule, ni l'âme seule ne sont conscientes. Bien que l'âme soit l'élément vitalisant, elle n'est pas en soi la vie qui se termine à la mort pas plus qu'elle n'est la vie qui est transmise d'une existence à l'autre. Bien qu'elle-même n'agisse pas et qu'elle ne souffre pas, l'âme reflète les souffrances tout comme un miroir. Elle n'est pas l'intellect, mais une entité infinie et impassible. Les âmes sont innombrables et distinctes les unes des autres. Le but de l'âme est de se libérer de l'illusion et donc de la captivité. Une fois libérée, sa condition est équivalente à ce qui est appelé nirvana dans le bouddhisme. Une telle libération peut survenir avant la mort, et le devoir de cette âme libérée est de transmettre son enseignement aux autres. Après la mort, il existe une possibilité de libération totale sans crainte d'une renaissance. Le samkhya n'exclut pas les croyances aux divinités populaires, mais celles-ci ne font pas partie de son mode de pensée. C'est la connaissance de l'univers qui apporte le salut. En ce sens, le point central est la maîtrise des passions, non la conduite morale. Le bon travail ne peut apporter qu'une forme inférieure de bonheur. Le sacrifice n'est pas non plus efficace. Ni l'éthique ni les rites n'ont beaucoup d'importance dans le système du samkhya.

III. VII. *L'inadaptation du critère théiste*

Rien qu'en se fondant sur les exemples précédents de systèmes de croyance religieuse, on s'aperçoit que l'existence d'une croyance en un Être suprême ou en une forme de théisme est un critère religieux inadéquat. En dépit du préjugé persistant et dépassé de quelques commentateurs chrétiens, ce point est généralement admis par les spécialistes des religions comparées et par les sociologues. Malgré l'absence de tout concept d'Être suprême ou de Dieu créateur, le statut de religion ne saurait être refusé au bouddhisme, au jaïnisme ou à l'hindouisme de l'école du samkhya.

III. VIII. L'exemple du taoïsme

Le taoïsme est également reconnu comme une religion et on le trouve généralement dans les manuels de religion comparative, en dépit des difficultés rencontrées lors d'une mise en forme cohérente de ses croyances principales. Par opposition aux religions révélées, le taoïsme vient de la vénération de la nature, du mysticisme, du fatalisme, du quiétisme politique, du culte des ancêtres et de la magie. Il a été reconnu officiellement en Chine pendant des siècles en tant que religion organisée avec des temples, un culte et un clergé. Il comprend l'idée d'êtres surnaturels, comme l'Empereur de Jade, Lao-Tseu, Ling Po (chef des êtres surnaturels), les Huit immortels du folklore chinois, le Dieu de la cité, le Dieu du foyer et d'autres innombrables esprits. Le taoïsme n'a cependant pas de créateur suprême ou de dieu sauveur analogue à celui du christianisme, ni de théologie ou de cosmologie exprimée.

IV. Le langage religieux et l'évolution de la théologie chrétienne

IV. I. L'évolution des idées religieuses

Le taoïsme par exemple illustre bien le fait que les religions n'apparaissent pas sous forme de véritables systèmes de croyances, de pratiques et d'organisation. Elles passent par des processus évolutifs pour tous ces aspects, et en arrivent parfois à embrasser des éléments tout à fait opposés aux conceptions des premiers temps. Par exemple, pendant des dizaines d'années, les évêques de l'Église anglicane n'avaient pas les mêmes croyances sur certaines doctrines de base de la foi, comme l'immaculée conception, la résurrection de Jésus et le second avènement du Messie. Une telle évolution est évidente dans les Écritures judéo-chrétiennes et sans prise en compte de ce processus, on aurait du mal à voir une continuité entre la déité tribale vengeresse de l'Ancien Testament des israélites et l'Être universel et plus spirituel des Évangiles des prophètes ultérieurs et du Nouveau Testament. Le rapprochement des descriptions divergentes de la déité a donné naissance à des querelles au sein et entre les Églises et les mouvements du christianisme, et les principes fondamentaux ont constamment changé au cours de l'histoire chrétienne. De même à l'heure actuelle, des changements fondamentaux continuent d'avoir lieu à propos du concept de Dieu chrétien.

IV. II. Les récentes réévaluations théologiques de Dieu

Un de ces importants courants de pensée (ayant de profondes implications sur le statut du christianisme et un certain rapport avec le sujet en question) est l'idée largement réfutée, à savoir la possibilité de l'existence d'un Être suprême comme habituellement proclamé par l'Église chrétienne. Ce courant de pensée, soutenu par certains des théologiens les plus fameux, trouve particulièrement son origine dans les écrits de Dietrich Bonhoeffer et Paul Tillich. En ce qui nous concerne, on en trouve le meilleur exemple dans l'écrit le plus populaire et le témoignage le plus influent. En 1963, l'évêque (anglican) de Woolwich de cette époque, John Arthur Thomas Robinson, a résumé ce courant de pensée théologique dans son fameux livre Honest to God [Dieu sans Dieu]. L'évêque y expose les arguments en faveur de l'abandon de l'idée que Dieu est un être individuel qui existe dans « l'au-delà » et il récuse le concept entier de « théisme chrétien ».

IV. III. *Preuve de l'athéisme chrétien :*
John A. T. Robinson

Les extraits qui suivent prouvent combien l'évêque et ses associés se sont éloignés des hypothèses traditionnelles visant au respect du monothéisme, tel qu'il est accepté à la fois par les laïcs et la loi.

Pour soutenir ses arguments, l'évêque John Robinson a cité Dietrich Bonhoeffer comme suit:

> « L'Homme a appris à faire face à toutes les questions d'importance, sans prendre Dieu comme hypothèse de travail. Dans le domaine de la science, de l'éthique et de l'art, Dieu est devenu un sujet sur lequel on ne cherche plus à se pencher. Mais depuis un siècle environ, ce phénomène a aussi touché de plus en plus les questions religieuses et il devint évident que les choses continuaient à évoluer sans Dieu tout comme avant ». (p. 36)

L'évêque John Robinson cite le passage suivant de Paul Tillich:

> « [...] il vous faut oublier toutes les choses traditionnelles que vous avez apprises concernant "Dieu" et même peut-être le mot lui-même. » (p. 47)

À ceci l'évêque ajoute:

> Quand Paul Tillich parle de Dieu « en profondeur », il ne parle pas du tout d'un autre être. Il parle de « la profondeur infinie et inébranlable et de l'essence de tout être [...] ». (p. 46)

L'évêque se dit:

> [...] comme il (P. Tillich) le dit : « Le théisme tel qu'on le perçoit généralement "a fait de Dieu une personne céleste et absolument parfaite qui dirige le monde et l'humanité". » (p. 39) [...] Je suis convaincu que Paul Tillich a raison quand il affirme que la protestation de l'athéisme à l'encontre d'une personne de rang élevé est correcte. (p. 41)

L'évêque cite aussi en l'approuvant, le théologien laïque John Wren-Lewis:

> « Il ne s'agit pas seulement du fait que le Vieil Homme dans le ciel n'est rien d'autre qu'un symbole mythologique de l'Esprit Infini, opérant dans les coulisses ou que cet être est toute bonté plutôt que menace. La vérité est que cette façon de voir les choses est mauvaise et que si un tel être existait, il s'agirait en réalité du démon. » (pp. 42 et 43)

Soulignant ce point, l'évêque déclare:

> Finalement, il devrait être aussi difficile de convaincre les gens de l'existence dans « l'au-delà » d'un Dieu auquel ils doivent se référer pour organiser leur vie, que de les convaincre de prendre au sérieux les dieux de l'Olympe. (p. 43)[...] Dire que « Dieu est une personne » revient à dire que cette personnalité est d'une ultime importance dans la constitution de l'univers, que dans le cadre des relations personnelles on touche, comme nulle part ailleurs, à l'explication ultime de l'existence. (pp. 48 et 49)

À la manière des théologiens, l'évêque fait la distinction entre la réalité et l'existence en affirmant que Dieu est en fin de compte réel mais n'existe pas, exister impliquant une finalité dans l'espace et le temps, et permettant de faire partie de l'univers.

IV. IV. Preuve de l'athéisme chrétien : Paul van Buren

La même année en 1963, Paul van Buren, un théologien américain, écrivait Le sens séculaire de l'Évangile, qui reprend aussi le concept de Dietrich Bonhoeffer du « christianisme sans religion », à savoir l'idée que le christianisme ne constitue pas une religion. Avec plus de fermeté que John Robinson, Paul Van Buren a demandé que le christianisme ne soit plus assimilé, d'une quelconque manière, à une croyance en Dieu. Il a proposé d'éliminer toutes les références théologiques à Dieu. Il maintenait que « [...] le théisme au sens littéral est faux, le théisme qualifié au sens littéral est insensé » (p. 100). D'autre part, certains peuvent continuer à se raccrocher à l'humanité de l'Homme, Jésus, « [...] la question de sa divinité aboutit là où elle peut ». La théologie soutenue par Paul van Buren a été appelée athéisme chrétien. Les Évangiles ne portaient pas sur Dieu, mais parlaient de Jésus qui devait être reconnu en tant que figure humaine. Ainsi, le professeur van Buren a abandonné toutes les représentations indiquant que le christianisme constituait une religion attachée à l'idée d'un Être suprême, et de telles représentations ont aussi été abandonnées par les théologiens contemporains de l'école de « la mort de Dieu », indicative d'un autre courant de pensée théologique.

IV. V. La réévaluation de Jésus

La nouvelle interprétation du Nouveau Testament et de la personne de Jésus était également d'actualité dans les cercles théologiques, surtout depuis la publication en 1906 d'une étude d'Albert Schweitzer sous le titre Le Secret historique de la vie de Jésus. Albert Schweitzer y représente Jésus comme un prophète israélite, aux idées quelque peu malavisées et vraiment comme un homme de son temps. Un processus plus radical de critique « démythologique » a été entrepris par Rudolf Bultmann qui, dès les années quarante, a commencé à démontrer que les Évangiles étaient soumis en tout point aux mythes en vigueur à l'époque de leur création. Il a ensuite démontré que peu de concepts employés dans les Évangiles pouvaient être acceptés par l'Homme du vingtième siècle.

Rudolph Bultmann lui-même a cherché à préserver un message à l'humanité issu du Nouveau Testament qui soit exprimé selon la philosophie existentialiste allemande. Le christianisme est devenu un guide de vie morale individuelle, mais on ne croyait plus qu'il représentait un corps d'enseignements sur un Dieu-créateur qui gouvernait le monde. L'impact grandissant des travaux de Rudolph Bultmann a eu pour effet de faire naître de nouveaux doutes sur le concept traditionnel de Jésus en tant que fils de Dieu en personne. Le doute planait désormais sur l'ensemble des enseignements christologiques de l'Église. Le relativisme historique de cette approche se trouva ravivé par un écrit intitulé Le mythe de Dieu incarné (édité par le professeur John Hick), publié en 1977, dans lequel nombre des plus fameux théologiens anglicans remettaient en question le point de vue traditionnel chalcédonien de la relation de Dieu à l'Homme qu'était Jésus. Les théologiens modernes trouvaient difficile de croire que Dieu était devenu un homme de la manière représentée par l'enseignement chrétien au cours des quinze siècles passés.

IV. VI. Le christianisme a dit ne pas être une religion

Ces divers courants d'argumentation théologique (le rejet précédemment exposé du concept d'un Dieu en personne, l'abandon du théisme, la nouvelle considération du relativisme de la Bible, et le défi lancé pour l'acceptation des concepts concernant la nature du Christ et de sa relation par rapport à la divinité), aboutissent tous à un sérieux changement en ce qui concerne les idées reçues sur la foi chrétienne. Le christianisme, qui avait été pendant si longtemps le modèle implicite en Europe de ce à quoi devait ressembler une religion, déclarait désormais ne pas en être une. En cela, le critère selon lequel les religions étaient précédemment définies, était désormais remis en question.

56

V. Les fonctions sociales et morales de la religion

58

V. I. La religion contemporaine et le changement des fonctions sociales

Ignorant pour un moment les éléments concrets provenant de la conception chrétienne traditionnelle, mais apparemment dépassée, de ce qui pouvait constituer une religion, nous allons brièvement nous en référer aux caractéristiques de religion soulignées dans les études sociologiques non normatives effectuées sur le sujet. Tout en ignorant les préoccupations indépendantes en provenance du surnaturel (ou super-empirisme), les sociologues soulignent les fonctions devant être remplies par les religions. La religion est à l'origine de la création, de la consolidation et de la promotion de la solidarité sociale à l'intérieur d'un groupe et fournit à celui-ci un sens d'identité. Comme l'a dit Peter Berger, elle fournit « un univers de sens élaboré par l'Homme » qui se transforme en cadre de travail moral et intellectuel, à la lumière duquel les idées et les actions peuvent être jugées. Si la religion doit nécessairement abandonner, face au développement de la science, des théories spécifiques ayant trait à la création et à la cosmologie, elle continue à offrir des explications sur le propos inhérent à l'univers et à la vie de l'Homme.

V. II. Une religion contemporaine et l'éthique de la responsabilité

Au fur et à mesure que le peuple occidental devenait plus éduqué, les religions modernes ont tenté de moins mettre l'accent sur les doctrines afférentes à Dieu, à la création, au péché, à l'incarnation, à la résurrection, etc., et de mettre davantage l'accent sur l'éthique de la responsabilité sociale et personnelle, le fait de donner un sens à l'intention et au but ultime, la source d'une intuition personnelle et la voie vers un accomplissement personnel en ce monde.

V. III. La religion contemporaine et les préoccupations concernant les problèmes sociaux

Une augmentation des préoccupations afférentes aux activités pastorales est apparue au milieu du XIXe siècle en Angleterre, mais ces activités se manifestent à l'heure actuelle sous une variété de spécialisations du ministère pastoral, comme l'aumônerie en usine, dans les hôpitaux et les prisons, ou bien les structures de conseils spécialisés, comme l'assistance matrimoniale, l'apaisement des souffrances de l'âme, et le travail auprès des toxicomanes ou la prévention des suicides. La propagation par voie écrite de conseils portant sur la santé physique et psychique, les problèmes sexuels et familiaux, l'éducation et les relations dans le travail, est pratiquement devenue la mission fondamentale de nombreux mouvements, religieux, spécialement ceux qui sont assez récents.

V. IV. Une religion contemporaine et l'amélioration de la vie

Au sein de certains nouveaux mouvements religieux, fournir aux individus un sens et une explication à leur vie est devenu un but en soi. Ces mouvements établissent généralement un système métaphysique complet et souvent complexe, au sein duquel les personnes ferventes identifient les réponses intellectuelles aux questions relatives à leur préoccupation ultime. Parmi ces mouvements, on trouve la théosophie, l'anthroposophie, le gurdjieffisme, la foi Kosmone et les mouvements de la Nouvelle Pensée. Au fur et à mesure que la préoccupation de la société contemporaine s'est éloignée de la notion de vie future, de nouveaux mouvements (et dans une certaine mesure les Églises établies de longue date) ont commencé à porter l'accent sur des activités et des propos « temporels », et sur des buts généraux « d'amélioration de la vie ». L'ascétisme des religions qui apparaissent dans un monde caractérisé par la raréfaction des ressources et par les désastres naturels, est moins approprié à une société où l'on trouve une large affluence et une planification sociale beaucoup plus large visant l'élimination et l'atténuation des calamités naturelles et sociales. La circulation contemporaine des valeurs hédonistes au sein d'une société séculière se reflète dans la religion, et les nouvelles religions cherchent explicitement à fournir aux gens une meilleure expérience de la vie. L'accent porté sur la pensée positive s'est largement répandu en Amérique dans les années quarante. Des techniques psychologiques d'amélioration de la maîtrise de soi, de progrès personnels, de renouvellement de la motivation et d'une possibilité accrue d'un enrichissement spirituel, font maintenant partie du répertoire de nombreux mouvements religieux, au fur et à mesure que la société adhère de moins en moins aux théologies chargées de l'idée de péché, comme les Églises chrétiennes traditionnelles le prêchaient autrefois.

V. V. La relation entre la religion et la moralité

Nombre de religions recommandent à leurs adhérents l'observation de règles plus ou moins spécifiques. Leur nature, la vigueur avec laquelle celles-ci sont recommandées et la rigidité des sanctions leur étant attachées, varient largement. Dans le judaïsme, certaines règles dirigent la minutie du rite et de nombreux aspects de la vie quotidienne. Dans l'islam, des règles religieuses touchent de nombreuses situations de la vie et fournissent un système de règlements légaux à la société. Ailleurs, les règles morales n'ont pas explicitement de racines religieuses, dans la société japonaise par exemple. Il n'y a pas de relation systématique entre un système de doctrine religieuse et un code moral. La conjonction de la religion et de la morale qu'on trouve dans le christianisme constitue un exemple de relation, mais celui-ci n'est pas typique des autres systèmes religieux et ne doit pas être vu comme le modèle nécessaire d'une telle relation.

V. VI. Le bouddhisme et la morale

Par exemple, dans le cadre du bouddhisme theravada, on trouve des obligations imposées aux moines et quelques règles générales à destination des laïcs. Un bouddhiste a pour devoir de ne pas tuer, voler, mentir, de ne pas commettre des actes sexuels immoraux et de ne pas absorber de boisson alcoolisée. Le Bouddha donne des conseils moraux relatifs aux devoirs domestiques, aux comportements à l'égard des amis et aux soins mutuels dus aux époux mais il s'agit d'encouragements qui relèvent plutôt du sens commun social. L'individu se doit d'être prudent, économe, travailleur et juste envers ses serviteurs et doit choisir pour amis des individus qui l'empêcheront de faire le mal et qui l'encourageront à bien se conduire. Ces vertus sont perçues comme relevant d'un intérêt personnel. Elles ne reposent pas sur un concept de péché comme on le trouve dans le christianisme. Ne pas respecter ces vertus n'aboutit pas à des punitions spécifiques, sauf que cela crée un mauvais karma à la personne. Pour les bouddhistes, éviter les mauvaises actions relève d'un intérêt personnel conscient (du moins à long terme). La religion en elle-même n'impose pas de sanctions. Il n'existe pas de déité vengeresse. Cependant, les actions étant supposées déterminer le statut des réincarnations futures, les bonnes actions sont recommandées comme étant en conformité aux huit étapes présentes sur la voie de la connaissance, puisqu'elles produiront des renaissances dans de meilleures circonstances et, on peut le supposer, la transcendance finale de toutes les renaissances et l'atteinte du nirvana. Ainsi, si le bouddhisme encourage certainement des valeurs éthiques, il est laissé à l'individu une considérable liberté de comportement moral et celui-ci n'est pas soumis au type de censure morale qui prédomine dans les contextes chrétiens.

V. VII. *Le christianisme et la moralité*

Par contraste prononcé, le christianisme, dans ses divers degrés d'enseignement éthique, inclut un code élaboré d'interdictions considérées comme des péchés en cas de transgression. Aux commandements minimums des premiers temps du judaïsme relatifs aux offenses les plus importantes, Jésus tout comme Paul y ont ajouté des obligations à la teneur de plus en plus exigeante, en particulier dans le domaine de la sexualité. Il y avait aussi des encouragements à la perfection, probablement de nature non réalisable (« Soyez donc parfait » et plus particulièrement, les commandements d'aimer ses ennemis, de pardonner « soixante-dix-sept » fois, de tendre l'autre joue, etc.). Mais c'est dans le cadre du concept du péché que le christianisme en est venu à élaborer un code moral rigoureux. Il a considéré que l'Homme était pécheur de façon inhérente, une condition sinistre, et seuls une vertu exemplaire et le sacrifice suprahumain du Christ pouvaient le sauver. Les fautes pointées dans l'Ancien Testament (manquements au rite, fausse motivation, injustice, idolâtrie, désobéissance à la parole de Dieu) ont été étendues aux fautes de responsabilité et à une insuffisance fondamentale de la nature et de la conscience humaines. Même si Augustin ne considérait pas que l'univers créé avait été marqué par le péché, l'Homme, lui, l'était. La nature du péché était donc essentiellement privative. Cette vision des choses a imprégné le catholicisme médiéval.

L'institution de la confession orale, le développement d'une procédure élaborée de pénitences et plus tard la mise en œuvre du concept de Purgatoire démontrent la sévérité avec laquelle le péché était considéré. Mais alors que le catholicisme, tout en se prononçant vigoureusement contre le péché, n'en reconnaissait pas moins la faiblesse de l'humanité et s'y accommodait par l'institution de la confession, le protestantisme rejetait ce dispositif visant au soulagement de la culpabilité. Le calvinisme intensifiait l'anxiété personnelle des pécheurs et on lui doit le développement d'un système théologique qui aboutit à l'intériorisation du contrôle moral et à la formation de la conscience.

V. VIII. Les changements dans l'attitude chrétienne face au péché

C'est seulement au cours du XIXe siècle que la préoccupation chrétienne concernant le péché a commencé à perdre de sa vigueur. De façon constante tout au long de ce siècle, les chrétiens se sentaient moins préoccupés par l'enfer et la damnation, et en retour la morale séculière a acquis une influence autonome sur la vie publique. Au cours du XXe siècle, la sévérité de la morale victorienne s'est régulièrement atténuée jusqu'à ce que dans les années soixante, de fortes demandes, particulièrement dans le domaine du comportement sexuel, ouvrent la porte de la permissivité morale. Ainsi, il est évident que le modèle formulé à l'égard de la relation entre l'Église et la morale est loin d'être constant, même dans le cas du christianisme. Cette variété n'existe pas seulement dans le temps. Elle peut être également identifiée parmi les mouvements religieux contemporains. Les attitudes morales identifiées parmi les évangélistes de notre époque (que l'on trouve au sein de plusieurs congrégations, y compris au sein de l'Église anglicane) continuent à apporter la preuve d'une forte préoccupation concernant le péché personnel dans de nombreux domaines de conduite. En revanche, l'idée de péché est presque dépassée pour de nombreux ecclésiastiques libéraux, certains d'entre eux allant même jusqu'à rejeter complètement les obligations présentées par un code de morale absolue, traditionnellement adopté par les Églises chrétiennes, y préférant un engagement envers une situation de valeurs morales, dont les implications n'entrent pas radicalement en conflit avec les préceptes chrétiens et moraux précédemment reçus. Une autre attitude totalement différente est adoptée par la science chrétienne. Le péché y est simplement considéré comme une erreur découlant d'une mauvaise perception de la réalité et, de même que la maladie, il peut être éliminé, en changeant sa conception de la matière en une conception spirituelle.

V. IX. Les aspects sacramentels et sacerdotaux du christianisme

Les croyances et les valeurs religieuses trouvent fréquemment leur expression dans les symboles, les procédés et les coutumes établis, comme indiqué au paragraphe II. Cependant, la forme de ces symboles, procédés et coutumes varie largement, et une fois de plus, le modèle fourni par les Églises chrétiennes – modèle si facilement adopté dans une société chrétienne — ne constitue pas un guide adéquat pour les autres cultes. Le christianisme lui-même présente une large variété de formes d'expression. Il ne s'agit pas là seulement de différences fortuites, relevant du hasard et dictées par l'esthétique ou par une pure facilité. Les différences relèvent souvent en elles-mêmes d'une profonde conviction, touchant le cœur même de la foi religieuse. Les principales traditions religieuses du monde révèlent des orientations largement divergentes, allant du sacerdoce, de l'efficacité des sacrifices et des sacrements, d'une profusion d'auxiliaires physiques relatifs à la foi (tels que l'encens, la danse et l'imagerie), à l'ascétisme et à une sujétion particulière à l'expression verbale et la prière. On rencontre ces deux extrêmes au sein de l'hindouisme, du bouddhisme et du christianisme alors que dans son expression orthodoxe, l'islam est plus uniformément ascétique, ses manifestations d'extase se produisant de façon annexe.

Il peut suffire d'illustrer la diversité qui prévaut au sein de la tradition chrétienne. L'Église romaine, dans son développement traditionnel, est l'illustration de l'utilisation élaborée d'un auditoire et de sensations visuelles et olfactives au service de la foi. Bien qu'abjurant l'emploi de danses et de drogues utilisées dans d'autres traditions, la liturgie catholique a élaboré des rites, des vêtements sacerdotaux et des sacrements dans le cadre d'une profusion de cérémonies, destinées à marquer le calendrier et la hiérarchie de l'Église et les rites de transition des individus. Le quakerisme se trouve en contraste total avec le catholicisme romain, avec son rejet du concept de prêtrise, du déroulement de rites (même en ce qui concerne les rites commémoratifs et non sacramentels communs au sein des Églises protestantes) et de l'utilisation d'une imagerie et de vêtements sacerdotaux. L'accent mis sur le caractère adéquat des célébrations laïques, le rejet du sacré, qu'il s'agisse de bâtiments, d'endroits, de saisons ou de cérémonies et celui des accessoires de la foi, comme les rosaires et les talismans, constituent, dans une plus ou moins grande mesure, une caractéristique commune à la plupart des religions protestantes. Les évangélistes (professant différents cultes) rejettent l'idée de prêtrise et les quakers, les Frères, les christadelphes et les chrétiens scientistes rejettent même le concept d'un ministère rémunéré. Les baptistes ont gardé le baptême, et la plupart des autres croyances ont conservé une cérémonie de partage du pain mais souvent, seulement en tant qu'acte commémoratif de respect des Saintes Écritures et non en tant que célébration chargée d'un mérite intrinsèque.

La religion protestante insiste beaucoup plus sur les Écritures Saintes que la foi catholique, même parfois au risque de faire de la Bible un objet de fétichisme. Des coutumes et pratiques persistent dans toutes les religions, mais elles sont d'importance minime, les quakers n'insistant par exemple que sur le choix d'un lieu et d'une heure pour leur réunion et les christadelphes essayant d'éviter tous les titres et positions au sein d'une communauté où l'on est supposé être au service de Dieu à titre égal.

VI. La Scientology brièvement décrite

VI. I. L'Église de Scientology en tant que nouvelle religion

L'Église de Scientology est un des nombreux nouveaux mouvements religieux qui incorpore certaines particularités correspondant, sous certains aspects, à certaines des tendances évidentes dans le courant dominant de la religion occidentale (comme mentionnées aux paragraphes V. I. à V. IV.). Elle emploie un langage contemporain, familier et non mystique et elle présente ses dogmes comme des faits objectifs. Sa conception du salut présente à la fois une dimension immédiate et une dimension suprême. La large attirance qu'elle a suscitée dans les pays les plus développés du monde occidental a attiré l'attention des sociologues et des spécialistes en religion contemporaine.

VI. II. Ma connaissance de la Scientology

J'ai commencé la lecture des écrits imprimés par l'Église de Scientology en 1968, et à une époque, j'avais même projeté de réaliser une étude de ce mouvement. Bien que je n'aie finalement pas poursuivi cette idée, j'ai continué ma lecture des écrits scientologues. J'ai visité les quartiers généraux de l'Église à Saint Hill Manor, East Grinstead, et j'ai rencontré des scientologues. Depuis lors, j'ai gardé le contact avec le mouvement en Angleterre, et me suis de nouveau rendu à Saint Hill Manor et dans une Église de Scientology à Londres. J'ai continué à porter un réel intérêt au développement de cette religion, car elle fait partie d'un certain nombre de religions contemporaines qui ont pour moi de l'intérêt, en ma qualité de sociologue. J'ai lu les écrits suivants qui constituent tous des publications officielles, et la plupart des écrits de L. Ron Hubbard, ainsi que d'autres publications de nature plus éphémère :

- Guide pour préclairs
- Scientologie 8-80
- Scientologie 8-8008
- Introduction à l'électromètre
- La Dianétique : la thèse originelle
- La Dianétique : la puissance de la pensée sur le corps
- Un test de rappel de la piste totale
- Les problèmes du travail
- Self-Analyse
- La création des aptitudes humaines
- Conférences de Phoenix
- Les Axiomes de Scientologie
- Procédure avancée et Axiomes
- Scientologie : une nouvelle optique sur la vie
- Le caractère de la Scientology
- Cérémonies de l'Église fondatrice de Scientologie

- La religion de Scientology
- Science de la survie
- Introduction à l'éthique de Scientologie
- Le chemin du bonheur
- Une description de la religion de Scientology
- Qu'est-ce que la Scientologie ?
- Le Manuel de Scientologie

Dans le cadre des travaux que j'ai rédigés à propos des nouvelles religions, j'ai eu diverses occasions de faire référence à la Scientology et j'ai inclus dans mon livre une courte description de cette religion, Religious Sects (Londres : Weidenfeld, 1970). J'ai également inclus une plus longue discussion sur le caractère religieux de la Scientology dans mon dernier livre, The Social Dimensions of Sectarianism (Oxford, Clarendon Press, 1990). Je m'intéresse à ce mouvement depuis maintenant vingt-six ans.

VI. III. La Dianetics, la genèse de la Scientology

Quand en mai 1950, L. Ron Hubbard diffusa pour la première fois l'ouvrage de Dianetics sur lequel devait se développer par la suite la Scientology, rien n'indiquait qu'il présentait le modèle d'une croyance et d'une pratique religieuses. La Dianetics, thérapie d'abréaction, n'y était pas décrite en tant que foi. Il n'y avait aucune raison de penser qu'à ce moment-là,

Ron Hubbard envisageait que la Dianetics devienne un système de croyances et de pratiques ou que son enseignement en vienne à être décrit sous forme d'Église et à s'organiser en tant que telle.

VI. IV. La guérison mentale et la religion

Cependant, la pratique thérapeutique a souvent eu des rapports et des connotations métaphysiques et religieuses, comme on a pu le constater différemment dans la science chrétienne, le mouvement de la nouvelle pensée et les techniques de yoga. D'un autre côté, certaines religions établies ont parfois exercé des activités spécialisées dans le domaine de la guérison, particulièrement en ce qui concerne la guérison mentale. Et les Églises les plus importantes ont parfois eu des départements organisés à cet effet. Au départ, la Dianetics n'a invoqué aucun principe religieux, mais au fur et à mesure que la légitimité théorique de sa pratique s'est élaborée, on lui a reconnu de plus en plus une dimension métaphysique et certaines des idées exposées en vinrent à être décrites en des termes dont l'implication était clairement religieuse.

VI. V. *Comment les religions évoluent*

Toutes les religions sont le produit d'une évolution. Il n'existe pas de religion qui n'ait émergé sous forme d'un système de croyances et de pratiques complètement formé à un certain moment. En cela, la Scientology ne fait pas exception, une religion s'est développée à partir d'un ensemble de théories thérapeutiques. Il est parfaitement impossible de déterminer le moment où le christianisme lui-même devint une religion. Cela débuta par un vague rassemblement d'exhortations morales et de miracles occasionnels, il devint ensuite un mouvement populaire chez les Galiléens, puis peu à peu une secte israélite pour aboutir enfin à une religion distincte. Même alors, il fallut des siècles à ses croyances pour être totalement formulées et ses pratiques rituelles continuèrent à subir de fréquents changements. En ce qui concerne les mouvements apparus plus récemment, le processus d'évolution est encore plus évident.

L'Église des adventistes du septième jour tire ses origines de la croyance en un nouvel avènement prochain du Christ, croyance également répandue chez les baptistes, les presbytériens, les méthodistes et d'autres congrégations du nord de l'État de New York dans les années 1830 : l'Église ne fut formée qu'en 1860. De façon similaire, il s'écoula plusieurs dizaines d'années après que les sœurs Fox eurent reçu pour la première fois à Hydesville des « messages » provenant du « monde spirituel », avant qu'une Église spiritualiste ne soit fondée. De même, bien avant la « découverte » de sa technique de guérison mentale en 1866, Mary Baker Eddy avait expérimenté divers autres systèmes pendant des années. Et dans les années qui suivirent cette découverte, elle pensa même que son système serait adopté par les Églises traditionnelles, plutôt que de devenir la base de l'Église du Christ scientiste qu'elle fonda en 1875. Dès 1900, les pentecôtistes firent l'expérience du don des langues, du don de prophétie, de guérison, etc., mais des Églises pentecôtistes indépendantes ne furent formées que très lentement au cours des vingt années qui suivirent. Aucun de ces mouvements qui devinrent tous des religions indépendantes ne commença comme tel. Et il en fut de même pour la Scientology.

VI. VI. La doctrine de la Scientology, le développement de la métaphysique

Même au risque de se répéter, il est nécessaire de faire en des termes généraux une description claire des principaux enseignements de la Scientology, et de montrer dans quelle mesure ces principes de croyances constituent un système religieux cohérent.

La Scientology est née d'un système thérapeutique extrêmement cohérent appelé Dianetics. Ce terme résulte de la combinaison de dia = au travers et de nous = esprit ou âme, et même si ce n'était pas conscient à l'origine, elle présentait déjà une perspective religieuse. Avec l'insertion de la Dianetics dans le contexte plus large de la Scientology, une conception d'un système métaphysique global fut élaborée, rendant ainsi évidente la nature fondamentalement religieuse de cette philosophie. Alors que l'application première de la Dianetics se réalisait (tout comme les enseignements du Christ pendant sa vie) dans le domaine de la guérison mentale, la portée des enseignements qui suivirent, expliquant et promouvant cette activité thérapeutique, impliqua une connaissance grandissante de ses idées et de sa valeur spirituelles.

VI. VII. La doctrine de Scientology, le thétan et le mental réactif

Le postulat de base de la Scientology est que l'Homme est en fait une entité spirituelle, un thétan qui occupe successivement différents corps matériels humains. Le thétan est une expression individuelle de thêta qui représente la compréhension de la vie ou la source de la vie. Au sens large, le thétan est l'âme, mais aussi la personne réelle, la continuation et la persistance de l'identité qui transcende le corps qui l'abrite. On dit de lui qu'il est immatériel et immortel, ou du moins qu'il a la capacité d'être immortel et qu'il possède un potentiel créateur infini. Il ne fait pas partie de l'univers physique, mais possède une capacité latente de contrôle sur cet univers qui se compose de Matière, d'Énergie, d'eSpace (Space) et de Temps (MEST). Les thétans ont créé le monde matériel, principalement pour leur propre plaisir (comme il est dit également à propos de la création du monde par le Dieu chrétien). On estime que loin dans le passé, les thétans furent victimes de leur propre implication dans le MEST et s'y firent piéger, permettant ainsi à leur propre création de limiter leurs capacités propres et de restreindre leur champ d'action. Par conséquent, dans le monde matériel actuel, les activités et les accomplissements de l'Homme sont bien inférieurs à son potentiel : il est encombré par d'innombrables implications passées dans le MEST qui sont enregistrées dans le mental réactif. Ce dernier produit une réponse irrationnelle et émotionnelle envers tout ce qui lui rappelle les expériences passées douloureuses et traumatiques (dont il a souffert ou qu'il a infligées aux autres). Le mental réactif fonctionne en dépit de la capacité qu'aurait l'individu de contrôler son corps et son environnement s'il pouvait recouvrer ses véritables capacités spirituelles originelles.

Même si l'on considère que l'Homme est fondamentalement bon et qu'il est à la fois désireux et capable de survivre, il est devenu une espèce menacée du fait d'avoir perdu ses aptitudes.

VI. VIII. La doctrine de la Scientology, réincarnation et karma

La Scientology estime que les thétans occupent d'innombrables corps depuis l'éternité des temps. Ainsi la Scientology embrasse une théorie qui, si elle en diffère sur certains points, partage les principales croyances de la théorie de la réincarnation qu'on trouve dans l'hindouisme et le bouddhisme. L'importance donnée par la Scientology aux conséquences présentes et futures des actions passées ressemble au concept du karma. Des résultats fâcheux découlent des « overts », actes néfastes qui constituent un aspect de l'implication dans l'univers matériel. L'idéal pour un thétan est de n'effectuer que des actions rationnelles et d'être « cause », c'est-à-dire de déterminer le cours des événements dans son environnement immédiat. Cette idée présente une analogie évidente avec le concept oriental de la création d'un bon karma pour le futur par des actions exemplaires, même si les scientologues n'utilisent pas ces termes et ces concepts. Les événements des vies antérieures affectent le présent, mais au moyen des techniques développées par la Scientology, il est possible de se les rappeler, de les confronter et les sources spécifiques des problèmes actuels peuvent ainsi être localisées. Ce processus est à la base de la guérison spirituelle, à savoir qu'on a l'opportunité de modifier les effets « karmiques » des actions passées.

VI. IX. La doctrine de la Scientology, les huit dynamiques

Selon la Scientology, on peut trouver l'existence dans huit domaines différents ayant un ordre de grandeur croissant, chacun d'eux étant appelé une dynamique. Ces dynamiques sont décrites brièvement ici : la première est la dynamique de soi, l'impulsion à exister en tant que soi ; la deuxième est la dynamique sexuelle, qui comprend l'acte sexuel, l'unité familiale et le maintien de la famille ; la troisième est la volonté d'exister au sein d'un groupe ou d'une association comme une école, une ville ou une nation ; la quatrième est la dynamique de la volonté de l'humanité à maintenir son existence ; la cinquième est l'existence, et la volonté de survie, du domaine animal dans son ensemble qui comprend toutes les entités vivantes ; la sixième est l'impulsion à exister de tout l'univers physique, composé de matière, d'énergie, de temps et d'espace ; la septième est « l'impulsion à exister en tant qu'être spirituel ou l'impulsion des êtres spirituels à exister » qui comprend tous les phénomènes spirituels, ayant ou non une identité ; et enfin la huitième dynamique est l'impulsion à exister en tant qu'infini. Cette dynamique est identifiée à l'Être suprême et elle peut également être appelée « la dynamique de Dieu ». La Scientology est préoccupée par la survie, et la survie de chacune de ces dynamiques est perçue comme le but de la pratique de la Scientology. Ainsi, même si au début la pratique de la Scientology est orientée vers l'obtention de bénéfices spirituels de nature personnelle, le scientologue se doit de réaliser que sa vie présente n'est rien d'autre qu'un fragment de son existence continue, et qu'en sa qualité de thétan il est relié à tous ces niveaux croissants décrits dans les huit dynamiques et, par conséquent, à l'existence et à la survie de l'Être suprême ou infini.

VI. X. La doctrine de Scientology, thérapie et communication

Comme dans les autres religions, la toute première préoccupation de la majorité de ceux qui sont attirés par la Scientology repose sur le soulagement possible de la souffrance et des contraintes présentes. On reconnaît ici l'attraction exercée par l'élément thérapeutique que l'on peut identifier dans de nombreuses religions (notamment aux débuts du christianisme), à côté d'enseignements plus mystiques, métaphysiques et spirituels que les croyants découvrent au fur et à mesure que leur foi grandit (voir Hébreux, 5 : 12-14). La plupart des scientologues ont commencé par prendre conscience de la possibilité qui leur était offerte d'améliorer leur vie de tous les jours et de rehausser leur niveau d'intelligence (en gagnant de plus en plus le contrôle de leur mental réactif). La possibilité d'atteindre de tels résultats, à travers le procédé de l'audition, c'est représenté dans la formulation qu'on appelle A-R-C. A représente l'affinité, ce qui représente l'expérience émotionnelle de l'individu et son sens de la relation aux autres avec les émotions. R veut dire Réalité, qui est représentée comme un consensus entre deux ou plusieurs personnes à propos des phénomènes objectifs. C veut dire Communication, et la Scientology attache une grande importance à la communication. Lorsque l'affinité est présente, lorsqu'un accord existe sur la nature objective du phénomène, alors la communication peut avoir lieu beaucoup plus facilement. Associée au concept du triangle de l'A-R-C, il y a l'échelle des émotions humaines connue des scientologues comme « l'échelle des tons ». Lorsque le ton émotionnel décroît, la communication devient difficile et la perception de la réalité est mauvaise. La communication en elle-même est un moyen d'augmenter la compréhension et quand on l'utilise avec efficacité et précision, elle devient le principal moyen thérapeutique pour libérer l'individu du piège auquel il est confronté dans le monde matériel. Le thétan peut arriver à communiquer avec son propre passé de façon à identifier la nature des expériences passées et traumatiques et ainsi obtenir suffisamment de connaissance de lui-même pour lui permettre d'échapper à ces fardeaux.

VI. XI. La doctrine de Scientology, l'audition en tant que thérapie

L'échelle des tons est la première expérience faite par un individu des bénéfices qu'il peut tirer de la Scientology, laissant voir une ascension partant d'un ton émotionnel chronique comme l'apathie, le chagrin et la peur jusqu'à l'enthousiasme (et à des niveaux plus avancés, jusqu'à l'exubérance et la sérénité). C'est l'occasion de vivre de telles expériences qui attire en premier lieu les gens vers la Scientology. La technique relative à une telle progression réside dans l'audition (série de questions précises) au cours de laquelle un scientologue formé à cet effet fait reprendre conscience à l'individu d'épisodes appartenant à son passé et qui ont laissé dans son mental réactif une empreinte (un « engramme ») l'empêchant de se comporter rationnellement.

Le procédé par lequel un individu est délivré des obstacles à la pensée rationnelle et progresse sur « l'échelle des tons », améliorant ainsi ses compétences, c'est aussi – et là réside une signification pleinement religieuse – la méthode par laquelle le thétan peut espérer son salut, d'abord au moyen de l'élimination des aberrations dont il souffre à cause de son implication dans le monde matériel et éventuellement, en se libérant totalement des effets indésirables de l'univers MEST. Les scientologues appellent cette situation « être cause ». Ceci présente d'évidentes analogies avec les modes de salut offerts par les religions orientales. Ces dernières considérant également que l'individu est encombré des effets de ses actions passées (karma), la conception du salut auquel elles adhèrent passe également par un processus (l'illumination) par l'intermédiaire duquel l'effet du karma peut être rompu, libérant ainsi l'individu. Le but ultime de l'individu, connu sous le nom de « Thétan Opérant » consiste à sortir du corps afin d'atteindre une condition décrite comme « extérieure » à toute physicalité. Il s'agit là d'une condition qu'au moins certains chrétiens reconnaîtraient comme un état de salut de l'âme.

VI. XII. La doctrine de la Scientology : moyens rationnels de salut

La philosophie religieuse décrite ci-dessus dicte la pratique de la Scientology. L. Ron Hubbard la considérait lui-même par certains aspects similaires à la philosophie des religions orientales. Il a cité en particulier les Védas, les hymnes de création qui font partie de la tradition hindouiste, qui renferment un concept très similaire au « cycle d'action » de la Scientology. Le cycle d'action constitue l'ordre apparent de la vie, partant de la naissance et traversant la croissance pour aboutir au déclin et à la mort. Mais au travers de la connaissance que la Scientology présente, les effets néfastes du déroulement de ce cycle peuvent être évités. On peut faire en sorte que le cycle de la création, de la survie et de la destruction devienne un acte créatif. La Scientology a pour but de promouvoir et d'augmenter la créativité, de conquérir le chaos et la négativité. Elle reconnaît l'existence d'une « route » ou d'une ligne de transmission de la sagesse partant des Védas et de Gautama Bouddha jusqu'au message chrétien, et elle revendique certaines affinités avec tous ces enseignements. Mais si la sagesse, par exemple dans le bouddhisme, permettait parfois à quelques individus d'obtenir le salut pendant leur vie, il n'existait pas alors un ensemble de pratiques précises assurant ce résultat. C'était pratiquement impossible à reproduire. L'obtention du salut restait soumise au hasard et à des facteurs non contrôlés. Le salut était parfois obtenu çà et là, par quelques individus, si même il l'était. Ron Hubbard dit avoir standardisé la pratique religieuse, allant à en faire pratiquement une routine, et avoir augmenté la probabilité des résultats de la théologie du salut. L'application de telles méthodes techniques à des buts spirituels montre combien la Scientology adhère aux techniques modernes, pour la réalisation de buts qui étaient atteints autrefois sporadiquement et occasionnellement, si tant est qu'ils l'étaient. Elle tente par là d'introduire de l'ordre et de la certitude au sein des conquêtes et des exercices spirituels. La Scientology désire mettre de l'ordre et de la discipline au sein de la quête religieuse par l'emploi d'une procédure rationnelle. En ce sens, elle a fait dans l'ère de la technologie ce que les méthodistes tentèrent de faire à un stade moins avancé de développement social, quand ils cherchèrent à convaincre les gens que le salut devait être recherché par l'intermédiaire de moyens contrôlés, disciplinés et méthodiques. Alors que les méthodes des méthodistes étaient exprimées dans le langage encore relativement conventionnel du christianisme de l'époque, les méthodes avancées par la Scientology sont profondément marquées par une société qui se concentre sur des méthodes rationnelles et technologiques. Les moyens employés par la Scientology ont été comparés à l'upaya (« la bonne méthode ») de la septième étape du chemin bodhisattva menant au salut dans le bouddhisme mahayana. Selon cette version du bouddhisme, à la septième étape, le croyant devient un bodhisattva transcendantal désormais détaché du corps physique (comme le Thétan Opérant dans la Scientology).

VI. XIII. La doctrine de la Scientology : l'audition en tant que conseil pastoral

Les moyens employés par la Scientology constituent une forme de conseil pastoral, plus spécifiquement organisé en techniques d'audition (du latin audire, écouter). Les techniques spécifiques et le processus de l'audition sont organisés sous forme de technologie qui constitue le noyau central de la pratique religieuse scientologue. Ce schéma de pratique est essentiel pour tous ceux qui désirent connaître les bénéfices salutaires de la foi. Ron Hubbard a cherché à condenser le processus d'illumination spirituelle en un ensemble de procédés ordonnés, permettant systématiquement d'atteindre de plus profonds niveaux de conscience. Cette méthode, tout comme celle que professe la science chrétienne, déclare éliminer à la fois la sensation de péché et les effets des souffrances et des actes néfastes passés.

VI. XIV. La doctrine de la Scientology : les étapes du salut

Les conditions respectivement décrites comme Clair et Thétan Opérant sont les deux principales étapes de la guérison et du processus du salut dans un contexte de sotériologie. Le préclair qui découvre pour la première fois la Scientology est troublé par les pièges mentaux des expériences émotionnelles douloureuses passées. L'audition a pour but de faire prendre conscience de ces choses afin que l'individu puisse communiquer avec son passé et confronter les événements ayant suscité une décharge émotionnelle, pour ainsi l'amener à un point où il puisse transcender cette décharge et passer en revue ces troubles oubliés, en toute sérénité et avec une conscience rationnelle. Ainsi les effets néfastes se dissipent-ils. Les blocages mentaux, les sentiments de culpabilité ou d'inadaptation, la fixation sur des traumatismes du passé ou sur les événements consécutifs aux bouleversements émotionnels sont surmontés. L'individu est amené dans le « temps présent », à savoir qu'il est libéré des effets négatifs des événements qui se sont présentés sur la « piste du temps » du thétan plus avant dans sa vie présente ou dans des vies antérieures. En améliorant la communication, l'audition amène le thétan dans un état où les entraves du passé ont été éliminées. Il est défini comme étant un Clair, c'est-à-dire un être qui ne possède plus son propre mental réactif et qui est autodéterminé, du moins en ce qui concerne sa propre personne. Le Thétan Opérant se trouve à un niveau supérieur du même processus, du fait qu'il a aussi acquis le contrôle de son environnement. Il ne dépend plus du corps qu'il occupe pour le moment, il est en fait considéré comme n'étant plus dans un corps. Autrement dit, on peut définir le Thétan Opérant comme un être qui a réalisé son plein potentiel spirituel, qui a atteint le salut. Dans la dernière édition du livre Qu'est-ce que la Scientologie ? (p. 222), il est dit que « Au niveau du Thétan Opérant, on s'occupe de l'immortalité de l'individu en tant qu'être spirituel. On traite avec le thétan lui-même par rapport à l'éternité... il existe des états plus élevés que celui de simple mortel ».

VI. XV. *Les rôles religieux dans la Scientology, l'auditeur*

Dans le cadre de la Scientology, le ministère religieux est tenu par quatre personnes dont les rôles sont complémentaires et parfois même se chevauchent. Ce sont l'auditeur, le superviseur de cas, le superviseur de cours et l'aumônier. Le rôle de l'auditeur est fondamental, l'audition étant la technique vitale d'acquisition ultime de cette forme d'illumination qui sauve l'individu. L'auditeur est formé à aider les autres et il les aide à s'aider eux-mêmes. « Tous les auditeurs de Scientology doivent devenir des ministres ordonnés » (Qu'est-ce que la Scientologie ? p. 557). Et chaque auditeur doit suivre des cours de formation qui le préparent au ministère, même s'il n'assume pas réellement ce rôle. L'auditeur apprend à s'occuper des préclairs qui lui demandent son aide de la façon la plus neutre et la plus objective possible. Contrairement au confesseur catholique romain, l'auditeur ne propose pas sa propre compréhension spirituelle et ne préjuge pas des besoins du préclair. Au contraire, il suit dans le détail les procédés écrits. L'idée maîtresse de la Scientology procède de l'élimination de tout élément fortuit, accidentel et singulier au sein de son ministère thérapeutique et spirituel. Tous les efforts sont faits pour s'assurer que les émotions de l'auditeur ne perturbent pas les procédés standard et les techniques de l'audition. Le conseil pastoral est donc vu, particulièrement dans le cadre de la situation d'audition elle-même, comme une technique bien plus exacte qu'on ne le considère généralement dans les Églises traditionnelles, on lui consacre une attention beaucoup plus grande et beaucoup plus précise. Pour les scientologues, le conseil pastoral ne consiste pas à donner des conseils au hasard ou de sa propre initiative ou selon les compétences de chacun, mais il s'agit plutôt d'une tentative systématique et contrôlée de faire atteindre l'illumination et la connaissance spirituelle.

VI. XVI. *Les rôles religieux dans la Scientology, le superviseur de cas*

La responsabilité de l'application correcte des procédés d'audition est du ressort du superviseur de cas. Sa fonction la plus importante consiste à examiner soigneusement les notes que l'auditeur a prises au cours de la séance d'audition en question. Ces notes sont très techniques et incompréhensibles, sauf pour un auditeur formé. Elles consistent en des notes sur les procédés appliqués, les réactions indiquées par l'électromètre et les manifestations du préclair. Les notes doivent être suffisamment complètes pour montrer que les progrès spirituels du préclair sont en conformité avec la théologie du salut de la Scientology. Le superviseur de cas est capable de comprendre ces notes techniques du fait qu'il est lui-même un auditeur hautement formé qui a suivi une formation spécialisée en tant que superviseur de cas supplémentaire. Il vérifie que l'audition est conforme aux normes établies, que les techniques ont été correctement appliquées et que le préclair est en train de faire les progrès appropriés. Toute erreur survenant dans l'audition sera détectée et corrigée par le superviseur de cas. Il peut demander à l'auditeur qui a commis une erreur d'étudier à nouveau la théorie de la procédure et de s'y exercer pour s'assurer que les erreurs ne seront pas répétées. Après chaque séance, il lui indique quelle sera la prochaine étape d'audition. Du fait que les gens sont différents, chaque cas est revu individuellement pour déterminer quels procédés doivent être appliqués et pour s'assurer que le préclair est bien en train de faire les progrès spirituels attendus. Le superviseur de cas s'assure ainsi que l'audition de Scientology est correctement appliquée et bien maîtrisée.

VI. XVII. *Les rôles religieux dans la Scientology : le superviseur de cours*

Le rôle du superviseur de cours est encore plus fondamental pour la pratique de la Scientology que celui de l'auditeur. C'est le superviseur de cours qui forme les auditeurs aux standards exacts établis par L. Ron Hubbard. Le superviseur de cours maîtrise de façon compétente les techniques de l'étude développées par L. Ron Hubbard. Sa formation lui permet d'identifier tous les obstacles à la compréhension et d'apporter une solution à toutes les difficultés que peur rencontrer toute personne qui étudie les ouvrages de la Scientology. Le superviseur de cours est là pour s'assurer que l'étudiant comprend la théorie et en maîtrise l'application en s'y exerçant. Contrairement aux enseignants habituels, le superviseur de cours ne fait pas un cours et il n'apporte en aucune façon sa propre interprétation du sujet étudié. Ce point est important, car les scientologues pensent que les résultats obtenus dans la Scientology ne découlent que d'un suivi consciencieux des Écritures, telles qu'elles ont été rédigées par Ron Hubbard. L'enseignement oral du professeur à l'étudiant entraînerait inévitablement – bien qu'involontairement – une altération du sujet original. Par conséquent, le superviseur de cours est nécessairement compétent dans l'identification des difficultés auxquelles se heurte un étudiant, et il sait diriger ce dernier pour l'aider à trouver de lui-même la solution.

VI. XVIII. *Les rôles religieux dans la Scientology : l'aumônier*

Toutes les Églises et les Missions de Scientology possèdent un aumônier. Il a été formé en tant qu'auditeur, et le cours de ministre de ce culte constitue la partie essentielle de sa formation. Ce cours présente la Scientology en tant que religion, en tant que voie par l'intermédiaire de laquelle les Hommes atteignent le salut. Il comprend une introduction aux enseignements des grandes religions de ce monde, une formation dans la conduite des services et des cérémonies, l'étude du Credo et des codes de la Scientology et une instruction sur les valeurs morales et les techniques de l'audition. L'aspect sans doute le plus important du rôle de l'aumônier est l'assistance pastorale, non pas dans le sens donné à l'audition, mais dans un sens plus diffus, par l'écoute des problèmes et des difficultés rencontrés par les scientologues, lors de la mise en pratique des enseignements et de la méthodologie de la foi. Les aumôniers veillent à ce que les activités de l'Église se déroulent harmonieusement, et si besoin est, ils aident à résoudre des conflits moraux et même familiaux, conformément aux principes de la Scientology. Dans leurs fonctions au sein d'une association de Scientology particulière, ils assument un rôle similaire à celui de l'aumônier d'un évêque dans une Église établie. L'aumônier célèbre les rites de passage de l'Église (baptêmes, mariages et enterrements). Lors de son office hebdomadaire (le dimanche de façon traditionnelle), l'aumônier dirige le service de la façon qu'il estime nécessaire. Dans le cadre de ce service, il assume aussi un rôle de prêcheur, sensiblement comme un ministre non-conformiste et en cela, sa fonction tient davantage de l'explication que du discours. Son sermon est toujours très proche des enseignements et de l'application des principes de la foi.

VI. XIX. Des moyens techniques à des fins spirituelles : une religion, non pas une science

Afin de comprendre comment la Scientology et ses ministres remplissent leur rôle, il est nécessaire de reconnaître que la Scientology utilise des moyens techniques à des fins spirituelles. Elle met l'accent sur la technique, elle emploie un langage technique, et le fait qu'elle insiste sur une procédure systématique et un ordre détaillé ne doit pas obscurcir la nature spirituelle et l'objectif de salut rédempteur de ses préoccupations ultimes. La Scientology est une religion qui a émergé dans des temps dominés par la science, par conséquent ses méthodes portent la marque de l'ère qui l'a vue naître. Une partie de son engagement fondamental réside en l'idée que l'Homme a besoin de penser rationnellement et de contrôler la puissance mais aussi le désordre de ses propres émotions. C'est seulement de cette manière que l'Homme atteindra la pleine liberté de choix et l'autodétermination que les scientologues considèrent comme un droit et une nécessité. Pour obtenir le salut, l'individu doit appliquer, de façon constante et stable, une formule parfaitement exprimée. Tout comme la science chrétienne, la Scientology vise à la certitude. Les buts ultimes de la Scientology sembleraient transcender la preuve empirique, même si la religion souligne l'expérience personnelle comme le chemin de la conviction et de la certitude personnelle. En effet, les croyances de ses disciples sont transcendantales, métaphysiques et spirituelles. Le style scientifique du discours scientologique ne déroge pas à son statut et à ses préoccupations religieuses.

VII. Une analyse sociologique de l'évolution de l'église de Scientology

VII. I. *Évolution des idées dans la Scientology: les vies antérieures*

Au milieu des années cinquante, Ron Hubbard avait déjà pressenti que les vies antérieures pouvaient avoir de l'importance dans l'explication des problèmes de l'Homme. La fondation qu'il avait établie à Elizabeth, dans le New Jersey, se consacrait, à cette époque, à l'étude des avantages potentiels du « rappel » des « circonstances des décès dans de précédentes incarnations » [Joseph A. Winter, A Doctor's Report on Dianetics : Theory and Therapy, New York : 1951, p. 189]. Cet intérêt a abouti à un engagement positif à propos de l'idée que les expériences néfastes des vies antérieures (et celles du tout début de la vie présente) étaient responsables de la création des « engrammes » (impressions ou images mentales formant le mental réactif, associées à la souffrance et à la non-conscience qui sont à l'origine des maladies, des inhibitions et donc du comportement irrationnel). La Dianetics et la Scientology devaient donc permettre d'éliminer ces engrammes, ainsi que ceux d'expériences antérieures, dans la vie actuelle de la personne.

VII. II. *Évolution des idées scientologiques : de la Dianetics à la Scientology*

Cette perturbation de la vie mentale a été exprimée à un autre niveau en tant que thêta, l'univers de la pensée, qui a été « perturbé » par le MEST. L'audition était conçue pour libérer thêta de ce fardeau. Le concept de thêta a également été affiné en 1951, étant alors identifié comme « la force vitale, l'élan vital, l'esprit, l'âme humaine » (dans Science de la survie, I, p. 4). À ce moment-là, on peut dire que le système de croyances de L. Ron Hubbard s'est transformé en un système de guérison de l'esprit. Ce développement est devenu plus explicite en 1952 quand Ron Hubbard a fait connaître la Scientology et quand ce nouveau système de croyances, plus complet et plus large, a englobé la Dianetics, lui donnant une rationalité métaphysique mieux formulée. Thêta est alors devenu le thétan, analogie plus explicite de l'âme, et la dimension religieuse du système est alors devenue évidente. Le thétan était considéré comme l'identité essentielle de l'individu, la personne elle-même (qui est consciente d'être consciente), et la théorie scientologique était alors à même de fournir la justification métaphysique de la tâche de salut rédempteur visant à libérer le thétan des effets néfastes des vies passées (où il occupait d'autres corps humains).

VII. III. Évolution des idées scientologiques : thétan et corps

L'individu ne peut pas dire « mon thétan » puisqu'il est essentiellement le thétan occupant un corps. En ce sens, le thétan donne l'impression d'avoir encore plus d'importance que l'âme dans l'interprétation chrétienne conventionnelle. Le thétan entre dans un corps (soit à la naissance, soit après ou soit avant) à la recherche d'une identité. En ce sens, la Scientology présente certaines similitudes avec les concepts embrassés par la théorie bouddhiste sur la réincarnation. Mais l'explication que donne Ron Hubbard du transfert des thétans à l'intérieur des corps est plus précise et plus définie que celle des Écritures bouddhistes.

VII. IV. Le salut proche et ultime

Le but initial de l'audition de Scientology est de libérer le thétan des griffes du mental réactif : l'ultime but est de procéder à la réhabilitation du thétan, de façon à ce qu'il atteigne un état de stabilité dans lequel il n'ait plus de mental réactif. Il passe de l'état d'être préoccupé par le but immédiat et proche de sa propre survie (la 1re dynamique), à une reconnaissance de plus en plus grande des possibilités de salut, au fur et à mesure qu'il s'identifie à la famille, aux associations, à l'humanité, au monde animal, à l'univers, aux états spirituels et à l'infini ou Dieu. En résumé, l'ultime but du thétan progressant dans les huit dynamiques est l'obtention d'une condition quasi déiste que les scientologues appellent « OT complet » ou « état originel ».

VII. V. La théologie du salut dans la Scientology

Ce système est en lui-même une théologie, une doctrine du salut. Si l'état final semble dépasser le salut comme énoncé par la religion chrétienne, c'est parce que les scientologues se préoccupent plus souvent du salut proche que de l'ultime. Le christianisme renferme également des concepts qui définissent l'Homme comme étant un cohéritier du Christ. Même l'Église et la laïcité furent fréquemment satisfaites par la perspective plus limitée qui permet à l'âme de finalement atteindre le paradis. Dans certains mouvements, le mormonisme par exemple, l'idée que l'Homme puisse atteindre le statut d'un dieu est explicitement reconnue. Les termes suivant lesquels le salut doit être accompli sont différents dans la Scientology, mais l'idée à long terme du salut de l'âme est facilement identifiable dans ses enseignements. Il est souligné que les proches desseins de sauvegarde de la santé mentale d'un individu passent par la guérison de sa détresse psychique et par l'acceptation d'une aide pour qu'il puisse surmonter sa dépression. Mais ils sont justifiés en référence à la théologie décrite ci-dessus.

VII. VI. Les similitudes avec le bouddhisme et l'école du samkhya

Les mécanismes de la vie mis en évidence par la Scientology sont considérablement similaires à ceux embrassés à la fois par le bouddhisme et l'école du samkhya de l'hindouisme. L'accumulation d'une banque réactive dans le mental est en quelque sorte similaire à l'idée du karma. Le concept des vies antérieures a beaucoup de choses en commun avec les théories de la réincarnation présentes dans les religions orientales. L'idée de pouvoir accéder à des niveaux de conscience se trouve dans le yoga (l'école du yoga est très proche de celle du samkhya), et il est dit du yogi qu'il peut parvenir à une puissance surnaturelle.

VII. VII. Le salut en tant que possibilité universelle et individuelle

Pour les thétans, la perspective ultime de salut passe par l'idée de survie de l'humanité et des univers matériel et animal, par l'intermédiaire de la

Scientology. Cet aspect de préoccupation envers la société et le cosmos existe avec certitude dans la Scientology. L'idée de « mise au clair de la planète » (en obtenant des « Clairs », personnes entièrement libérées de leur mental réactif) a été établie sous forme de but. Mais L. Ron Hubbard en a cependant parfois atténué l'importance, et c'est ainsi qu'il a écrit : « La mission de la Scientology n'est pas de "sauver le monde", mais de rendre les gens capables encore plus capables par une application exacte de la technologie standard à l'individu lui-même, c'est-à-dire l'esprit. » [Le caractère de la Scientology, 1968, p. 5.] Néanmoins, ce qu'il s'agit de souligner ici, c'est que le mot salut est lui-même subordonné au salut des thétans individuels, un accent typiquement évangélique.

VII. VIII. La moralité dans la Scientology

Il est parfois suggéré qu'une des caractéristiques de la religion est de prescrire un code moral, même si la force avec laquelle les religions s'engagent vis-à-vis d'un code spécifique de morale varie considérablement. La Scientology commença avec l'expression de buts généraux d'amélioration du potentiel de chaque individu. Quand elle se mit à insister sur la liberté, elle adopta une approche de la moralité, plus permissive que celle exprimée par les Églises chrétiennes traditionnelles. Cependant, dès le tout premier exposé sur la Dianetics, Ron Hubbard établit clairement que l'individu était responsable de ses propres limitations, qu'un thétan était fondamentalement bon et qu'il diminuait ses propres pouvoirs en se permettant de commettre des actions néfastes. L'audition oblige l'individu à confronter ses problèmes et à assumer la responsabilité de son propre bien-être. Il doit reconnaître les actes néfastes qu'il a commis dans sa vie présente et dans ses vies antérieures.

Dans une importante publication, Introduction à l'éthique de Scientologie, L. Ron Hubbard établit les standards éthiques requis d'un scientologue et dit clairement qu'un engagement vis-à-vis des valeurs morales est fondamental à la foi. Le but de l'individu est la survie – à savoir la survie dans l'ensemble des huit dynamiques, partant de la préoccupation de soi-même et de la famille, et finissant avec l'impulsion vers une existence sous forme d'infini appelée dynamique de Dieu (voir paragraphe VI. IX). La survie, en tant que concept scientologique, se conforme à la préoccupation principale de toutes les religions, le salut. Une action éthique est censée refléter un comportement rationnel servant ce dessein. En conséquence, L. Ron

Hubbard insiste sur le besoin que l'individu a de se conduire suivant des standards éthiques et de se comporter rationnellement, s'il veut obtenir son propre salut et faciliter celui de l'humanité. Ainsi, d'une manière analogue à celle que les bouddhistes ont de s'engager personnellement à faire des bonnes actions, car c'est là le moyen d'améliorer leur futur karma, le scientologue apprécie un comportement rationnel – à savoir éthique – relatif à l'obtention de la survie, pour lui-même et pour les groupes embrassés par les huit dynamiques. L. Ron Hubbard déclara dans ses écrits : « L'éthique est l'ensemble des actions que s'impose l'individu pour amener les autres et lui-même à la survie optimale sur toutes les dynamiques. Les actions éthiques sont des actions de survie. Sans utiliser l'éthique, nous ne survivrons pas. » (p. 19). La survie n'est pas de la simple survie. C'est plutôt la survie dans une condition heureuse. « La survie se mesure par le plaisir » (p. 31). Ainsi, comme dans le christianisme, le salut entraîne un état de bonheur. Mais « un cœur pur et des mains propres sont le seul moyen de survivre et d'être heureux » (p. 28).Ainsi, en pratique, atteindre la survie exige l'entretien des valeurs morales. Ron Hubbard écrit : « Quant aux idéaux, à l'honnêteté, à l'amour du prochain, ce sont des choses sans lesquelles une bonne survie n'est pas possible » (p. 24). Les valeurs morales de la

Scientology intègrent les codes moraux, mais vont plus loin en affirmant la rationalité essentielle des valeurs morales scientologiques. L'application de celles-ci est considérée comme la seule possibilité de redressement et de rédemption de la dégradation de la moralité contemporaine et des activités des personnalités antisociales.

En 1981, Ron Hubbard a formulé un ensemble de préceptes moraux basés sur le bon sens. Il a décrit le livret dans lequel ces préceptes étaient présentés comme « un ouvrage personnel [...] qui ne soit pas rattaché à une doctrine religieuse quelconque », et son intention était de le propager à grande échelle pour remédier au déclin des standards moraux de la société moderne. Ce code fait largement écho aux Dix Commandements et aux autres préceptes de la moralité chrétienne, mais il est exprimé dans une langue moderne et il explique la raison d'être sociale, l'utilité et le côté pragmatique de la plupart des principes présentés. Le code interdit le meurtre, le vol, le mensonge, les actes illégaux, les mauvaises actions envers les gens de bonne volonté. De plus, il implique également la fidélité envers un partenaire sexuel, le respect de ses parents, l'aide aux enfants, la modération, le soutien à un gouvernement juste, l'acquittement de ses obligations, le respect des autres croyances religieuses, la protection de sa santé et de l'environnement, l'assiduité et la compétence. Il renferme en termes positifs et négatifs une version de la règle d'or qui est souvent traduite dans la tradition chrétienne comme « Ne faites pas à autrui ce que vous ne voulez pas qu'on vous fasse à vous-même ». La brochure recommande avec insistance à ses lecteurs de la faire connaître aux personnes dont le bonheur et la survie les préoccupent.

VII. IX. Les prétentions religieuses de la Scientology

En dépit des divers éléments décrits ci-dessus qui se rapportent à la religion, la Scientology ne prétendait pas à l'origine au statut de religion. Même en 1954, lors de l'enregistrement officiel de trois Églises de Scientology (sous des titres quelque peu différents), les implications religieuses de la Scientology sont restées quasiment inexplorées. Ron Hubbard y affirmait cependant que la Scientology avait des buts religieux. Il écrivit : « La Scientology a atteint le but de la religion, but exprimé dans toute l'histoire écrite de l'Homme : l'affranchissement de l'esprit par la sagesse. C'est une religion bien plus intellectuelle que celle connue par l'Occident avant 1950. Si nous enseignions simplement nos vérités, sans thérapie, nous apporterions la civilisation à un Occident barbare » (La création des aptitudes humaines, p. 417). À certains égards, Ron Hubbard considérait que le christianisme était moins évolué que le bouddhisme, quand il parlait du jugement dernier chrétien comme « une sorte d'interprétation barbare de ce que disait Gautama Bouddha : libérer l'âme du cycle des naissances et des morts » (Conférences de Phoenix, 1968, pp. 29 et 30). La Scientology est en elle-même une religion « au sens le plus large et le plus ancien du terme » (ibid., p. 35). Dans Le caractère de la Scientology, 1968, Ron Hubbard a réitéré certains de ces points et a affirmé que la Scientology tire son origine des Védas, du Tao, de Bouddha, des Hébreux et de Jésus, ainsi que d'un certain nombre de philosophes. La Scientology avait « apporté la première technologie permettant de surmonter l'écrasante accumulation de l'abandon spirituel » (p. 10),et il le concevait comme la combinaison de l'honnêteté et de la précision de Gautama Bouddha, avec l'esprit pratique productif et rapide d'Henry Ford (p. 12). Il voyait l'auditeur comme quelqu'un qui serait formé aux techniques de l'audition et envisageait la formation scientologue comme une éducation religieuse.

VII. X. L. Ron Hubbard en tant que chef religieux

Les fondateurs de mouvements religieux (ou leurs disciples) disent souvent qu'ils sont des envoyés de la révélation divine. Le mode prophétique des chefs religieux est caractéristique des mouvements dans le cadre de la tradition judéo-chrétienne-islamique. Mais dans la tradition hindoue-bouddhiste, le chef religieux est souvent considéré comme un maître qui montre la voie de l'illumination qu'il a lui-même prise et qui en fait profiter ses disciples. L. Ron Hubbard est davantage conforme à ce dernier modèle. Il est représenté comme un enseignant qui, au lieu d'avoir eu révélation des vérités religieuses, aurait découvert à la suite de recherches scientifiques des faits lui indiquant certaines pratiques thérapeutiques et un ensemble métaphysique de connaissances qui expliquent la supériorité de l'Homme et sa destinée ultime. Les travaux contemporains de la Scientology représentent Ron Hubbard comme un génie, à la façon des biographies panégyriques produites dans le but d'augmenter la réputation et de faire l'éloge de l'expérience unique des prophètes, gourous et fondateurs de mouvements religieux (par exemple, Qu'est-ce que la Scientologie ? pp. 83 à 137). Dans la tradition chrétienne, les chefs religieux dont les rôles et les éloges ressemblent le plus à ceux de Ron Hubbard dans la Scientology sont

Mary Baker Eddy, la fondatrice de la science chrétienne, et les chefs des divers mouvements de Nouvelle Pensée apparus à la fin du XIXe siècle et au début du XXe siècle.

VII. XI. Religion et organisation sous forme d'Église

Il n'est absolument pas nécessaire qu'une religion ou qu'un système religieux soit organisé sous forme d'Église. Les éléments spirituels du système de la Scientology étaient visibles avant que le mouvement ne soit enregistré officiellement sous forme d'Églises, et ces éléments pris dans leur ensemble permettent de désigner le système de croyances de la Scientology en tant que religion. Même si le critère d'une religion était son organisation sous forme d'Église, la Scientology passerait le test. L'Église a été constituée, un credo a été promulgué dans les années cinquante et la forme de certaines cérémonies a été fixée. Le credo et les cérémonies donnent une forme institutionnelle aux engagements implicites présents au sein du système de croyances de la Scientology. La structure ecclésiastique de la Scientology est hiérarchique et reflète le système progressif d'enseignement et d'illumination spirituel nécessaire pour maîtriser ses enseignements. Les associations d'ordre inférieur sont administrées sous forme de

Missions conçues comme des entités évangélistes. Les Églises d'ordre inférieur se chargent de ce qu'on peut appeler la formation élémentaire des ministres en vue de leur ordination et elles servent les congrégations locales de « paroissiens ». Ce niveau d'organisation de l'Église constitue le cœur du système. Au-dessus de ce niveau, il existe des échelons supérieurs dans l'organisation qui assument la responsabilité de la formation et de l'audition supérieures des auditeurs. Les associations de niveau supérieur guident les associations de niveau inférieur. Selon cette structure, l'Église a mis en place un ministère volontaire composé de laïcs qui sont formés en vue d'assumer des activités sociales et communautaires. Le ministère est en lui-même organisé en hiérarchie, chaque niveau de formation étant sanctionné par un certificat. Aux plus bas niveaux de formation, le volontaire va, entre autres, visiter des hôpitaux et des prisons, alors qu'à de plus hauts niveaux, les ministres volontaires vont chercher, s'ils sont suffisamment nombreux, à former des congrégations de scientologues. La structure ecclésiastique formelle dans son ensemble ressemble quelque peu aux confessions chrétiennes, aussi différents que soient ses enseignements et ses pratiques. Le ministère volontaire ressemble vaguement au diaconat laïc de l'Église anglicane et d'autres Églises.

VII. XII. Le Credo de la Scientology

Dans l'ouvrage Cérémonies de l'Église fondatrice de Scientology, 1966, on explique que « dans le service religieux de l'Église de Scientology, il n'y a ni prières, ni actes de piété, ni menaces de damnation. Nous utilisons les faits, les vérités, la compréhension qui ont été découverts dans la science de Scientology » (p. 7).

Le Credo de l'Église de Scientology porte surtout sur les droits de l'Homme. Il affirme la croyance que les Hommes ont été créés égaux, et ont droit à leurs propres pratiques et cérémonies religieuses, à leur propre vie, à leur santé mentale, à leur propre défense et qu'ils ont le droit de « concevoir, de choisir, d'aider et de soutenir leurs propres organisations, Églises et gouvernements » et « de penser librement, de parler librement, d'écrire librement leurs propres opinions... ».

Il affirme également la croyance que « l'étude du mental et la guérison des maladies d'origine mentale ne devraient pas être séparées de la religion, ni tolérées dans des domaines non religieux ».

Il déclare « que l'Homme est fondamentalement bon, qu'il aspire à la survie, que sa survie dépend de lui-même, des autres et de sa fraternité avec l'Univers ». Il affirme aussi que « [...] nous, les membres de l'Église, croyons que les lois de Dieu interdisent à l'Homme de détruire sa propre espèce, de détruire la raison des autres, de détruire ou d'asservir l'âme d'un autre, de détruire ou de réduire la survie de ses compagnons ou de son groupe. Et nous, membres de l'Église, croyons que l'esprit peut être sauvé et que seul l'esprit peut sauver ou guérir le corps ».

VII. XIII. *Les cérémonies de Scientology*

Les cérémonies de mariage et de funérailles de l'Église, même si elles sont quelque peu non conventionnelles, ne sont pas si radicalement différentes des pratiques générales de la société occidentale. La cérémonie du baptême, appelée « cérémonie du nom » est plus explicitement consacrée aux principes du système de croyances scientologues. Son but est de venir en aide au thétan qui a récemment pris un nouveau corps. Au moment de la prise d'un nouveau corps, le thétan n'est pas conscient de son identité. La cérémonie du nom est là pour l'aider à connaître l'identité de ce nouveau corps, celle des parents de ce corps et celle du parrain et de la marraine qui aideront ce nouvel être. Cette cérémonie est donc un processus de type orientation, en accord total avec la métaphysique scientologue.

VIII. Les conceptions du culte et du salut

VIII. I. *Le culte, un concept changeant*

Les religions théistes – dont le christianisme – attachent de l'importance au culte qui constitue une expression formalisée de l'hommage et de la vénération à l'égard d'une déité, à l'humilité, à la soumission à cette déité, à la prière (la communication avec la déité), à la proclamation de ses louanges et aux actions de grâce pour ses bontés. (Les conceptions de culte plus anciennes intégraient également le sacrifice – animal ou humain – et des actes de propitiation à des déités vengeresses ou jalouses. Mais les concepts de culte ont changé et certaines anciennes formes autrefois indispensables seraient maintenant jugées contraires à la loi. L'idée de culte continue de changer actuellement, à la fois au sein des Églises traditionnelles et parmi les nouveaux mouvements). La conception traditionnelle du culte est généralement associée au postulat d'une (ou de plusieurs) déité ou d'un personnage qui est l'objet d'attitudes et d'actes de vénération. La définition du culte qui s'accorde avec celles récemment employées devant la justice anglaise, est basée de façon étroite sur le modèle de la pratique historique judéo-chrétienne-islamique. Néanmoins, comme le démontrent les preuves empiriques, le culte pris en ce sens n'est pas présent dans toutes les religions et quand il l'est, il manifeste des variantes significatives dont nous citerons quelques exemples ci-dessous.

VIII. II. Les variations dans le culte, le bouddhisme theravada

Premièrement : le bouddhisme theravada – dans la pureté de sa forme – et certaines autres religions posent le principe non pas d'une déité suprême, mais d'un principe ou d'une loi ultime qui ne commande pas le respect, les louanges ou le culte des croyants, ni n'en dépend. Il est généralement accepté que la présence d'une déité ne constitue pas une condition sine qua non de religion, et donc – si l'on retient ce concept – il faut adopter une plus large définition du culte que celle donnée par la tradition chrétienne.

VIII. III. Les variations dans le culte, le bouddhisme de Nichiren

Deuxièmement : il existe des mouvements religieux, comme au sein du bouddhisme de Nichiren, qui nient la notion d'Être suprême mais qui relève du culte d'un objet. Les bouddhistes de la Soka Gakkai, qui constituent un mouvement ayant à peu près 15 millions d'adhérents, dont environ six mille en Angleterre, vénèrent le gohonzon, un mandala sur lequel sont inscrits les symboles vitaux ou formules de l'ultime vérité. En retour de la vénération du gohonzon, ces bouddhistes espèrent des bénédictions. Ainsi, une notion proche du concept de culte comme dans les contextes chrétiens peut exister, même lorsqu'il y a une dénégation explicite d'un Être suprême.

VIII. IV. *Les variations dans le culte, les quakers*

Troisièmement : même dans la tradition chrétienne au sens large, les attitudes de respect et d'humilité n'ont pas besoin de s'exprimer par des formes spécifiques de comportement, telles qu'observées lors des services orthodoxes, catholiques romains ou de la Haute Église anglicane, pendant lesquels les fidèles se courbent, s'agenouillent, se prosternent, prononcent des mots de louange, d'actions de grâce, de bénédiction et en espèrent en retour des bénédictions. Au sein de la chrétienté, il existe de nombreux mouvements qui suivent des pratiques différentes, les quakers en sont un parfait exemple. Les quakers se rassemblent dans un esprit de respect mais ne procèdent pas à des actes formels de culte, comme des prières établies ou récitées, le chant d'hymnes ou de psaumes. Le service se déroule en silence la plupart du temps.

VIII. V. Les variations dans le culte, la science chrétienne

Quatrièmement : au sein du christianisme, l'idée de Dieu a tendance à être exprimée en termes de plus en plus abstraits, aussi bien par les Églises traditionnelles que par une variété de groupes apparus relativement récemment. Certains fameux théologiens modernes ont redéfini les concepts divins, éliminant souvent l'idée que Dieu est une personne (voir plus haut, paragraphe IV. III.), les anciennes conceptions relatives au culte apparaissant à certains comme anachroniques. Les sondages d'opinion révèlent qu'une proportion de plus en plus grande des personnes croyant en Dieu ne croient pas pour autant que Dieu est une personne. Elles croient plutôt que Dieu est une force. Dans le cadre des mouvements religieux récemment apparus, on trouve parfois des formes de « cultes » adaptées à ces perceptions plus modernes et abstraites de la déité. La science chrétienne en est un bon exemple. Ce mouvement est antérieur à la Scientology de plus de soixante-dix ans et possède de nombreuses caractéristiques en commun avec elle. Mais comme la science chrétienne a été reconnue depuis un certain temps comme une religion, la pratique de son culte a été étudiée plus en profondeur.

Dans la science chrétienne, Dieu est défini en tant que « Principe », « Vie », « Vérité », « Amour », « Esprit », « Âme ». Ces abstractions impersonnelles ne nécessitent pas d'attitudes de soumission ou de vénération et lors des services, il ne leur est accordé qu'une expression limitée. L'opinion de Mary Baker Eddy (la fondatrice de la science chrétienne) sur le culte peut être trouvée dans les extraits suivants tirés de son manuel, Science et santé avec la clef des Écritures :

> La prière à haute voix ne peut jamais égaler le travail de la compréhension spirituelle... Les longues prières, les superstitions et les credo érodent la puissance de l'amour et donnent à la religion des formes humaines. Tout ce qui matérialise le culte entrave la croissance spirituelle de l'Homme et l'empêche de faire preuve de son pouvoir sur l'erreur. (pp. 4 et 5)

> Est-ce que tu « aimes le Seigneur, ton Dieu, de tout ton cœur, de toute ton âme et de toute ta pensée » ? Ce commandement englobe tant de choses, même l'abandon de toute sensation,

affection et vénération, d'ordre purement matériel. (p. 9)

L'histoire de Jésus aboutit à la création d'un nouveau calendrier que nous appelons l'ère chrétienne, mais elle n'a établi aucun culte rituel. (p. 20)

Il est triste que l'expression service divin en soit venue à signifier si généralement, vénération publique, au lieu d'actions journalières. (p. 40)

On ne vénère spirituellement que lorsqu'on cesse de vénérer matériellement. La dévotion spirituelle est l'âme de la chrétienté. Vénérer au travers du matériel n'est que paganisme. Les rites judaïques et autres sont les traces et les ombres de la vraie vénération. (p. 140)

Les israélites concentrèrent leur pensée sur le matériel dans leur tentative de vénération du spirituel. Pour eux, la matière était substance et l'Esprit était ombre. Ils pensèrent à vénérer l'Esprit à partir d'un point de vue matériel, mais c'était impossible. Ils peuvent plaire à Jéhovah, mais leurs prières ne leur donnèrent pas la preuve d'avoir été entendus, car ils n'avaient pas une compréhension suffisamment grande de Dieu pour être capables de reconnaître son pouvoir de salut.) (p. 351)

Même si les scientistes chrétiens prient Dieu en communauté, ces prières se traduisent par des déclarations conformes aux enseignements de Mary Baker Eddy. La prière silencieuse dans la science chrétienne est une affirmation de « vérités », pas une supplication. Dieu est un « Principe » devant être démontré et non pas un Être devant être apaisé ou devant lequel se prosterner. En conséquence, le culte de la science chrétienne diffère en forme, en ambiance et en expression du culte établi par les Églises traditionnelles.

VIII. VI. Le culte défini par ses objectifs et non par ses forms

Les commentaires exposés ci-dessus, à propos des différences trouvées parmi les cultes, indiquent le besoin – si toutes les preuves empiriques et appropriées sont prises en compte – d'une définition beaucoup plus large de la notion de culte que celle qui se confine au cadre d'une tradition spécifique et qui en dépend. Les formes traditionnelles des Églises chrétiennes ne cernent pas la diversité des modes de culte qui peuvent être et qui sont établis (même au sein des Églises chrétiennes). Une distinction doit être faite entre les formes externes du culte (qui peuvent être particulières, locales, régionales ou nationales) et les pratiques du culte que nous pouvons déclarer universels. La pratique du culte est l'établissement d'un rapport entre les fidèles et l'ultime surnaturel (être, objet, loi, principe, dimension, « état d'être » ou « attention »), de façon à ce que soit conçu le but ultime par le corps religieux auquel appartient le fidèle, pour l'obtention de son salut ou de son illumination. À souligner que la caractéristique qui définit un culte est fonction de son but, et celui-ci met en évidence la relativité culturelle des diverses formes prises par lui. Une fois que le culte est défini par référence à ses objectifs, il nous est possible de comprendre les diverses conceptions de l'ultime, allant des idoles aux lois transcendantales. Ainsi, une idole est vénérée en sa qualité d'entité despotique qui accorde des faveurs et qui inflige des maux. La vénération d'une déité anthropomorphe révèle plutôt une relation de confiance, mais aussi de dépendance. La vénération de conceptions plus sophistiquées relatives à un Être suprême met moins l'accent sur la versatilité émotionnelle de la déité et souligne la recherche d'une harmonie des dispositions, en conformité avec des principes éthiques plus généraux. La vénération d'une ultime loi, vérité ou dimension complètement abstraite, a tendance à s'intéresser à la diffusion de la connaissance, l'obtention de l'illumination et la réalisation du plein potentiel humain. On peut concevoir l'ensemble de ces buts divers comme partie intégrante de la recherche menée par l'Homme pour son salut, quelle que soit la manière dont le salut en soi puisse être conçu. Le respect de l'ultime, de « l'état d'être » de l'Homme, quelle que soit la manière dont il est représenté, constitue un attribut général du respect de la vie qui ne dépend pas de quelconques formes ou normes de comportement liées à une culture spécifique.

VIII. VII. *Le déclin du mode poétique de culte*

Dans les sociétés multi-religieuses, il faut définir le concept de ce qui constitue le culte en termes abstraits si l'on veut vraiment prendre en compte la diversité religieuse. Les tendances récentes et continues en matière de religion visent à une expression abstraite et plus facilement universelle. Ceci est vrai non seulement chez les théologiens les plus importants et au sein du clergé, mais aussi parmi de nombreux nouveaux mouvements religieux. Dans une ère de science et de technologie, la conception humaine de la déité ou de l'ultime a tendance à s'exprimer en des termes qui s'accordent mieux avec l'expérience scientifique et technique, même si ce type de langage et de conceptualisation contraste avec l'imagerie poétique traditionnelle qui était autrefois typique de l'expression religieuse.

De plus en plus, on constate l'abandon du mode poétique, non seulement par les nouveaux mouvements mais aussi par les Églises soi-disant traditionnelles comme le prouvent les réformes liturgiques de l'Église catholique romaine depuis Vatican II, et le remplacement du Livre des prières communes de l'Église anglicane par des formes d'expression plus prosaïques et familières. En dehors de ces Églises, dans les mouvements n'ayant pas l'obligation de continuer à respecter une ancienne tradition, la création d'un nouveau langage et de nouvelles formes liturgiques se fait encore plus librement. Et c'est parmi eux qu'on trouve la Scientology.

VIII. VIII. La communication en tant que culte

La Scientology présente une conception totalement abstraite de l'Être suprême en sa qualité de huitième dynamique. Les scientologues cherchent à élargir leur conscience et leur compréhension afin de pouvoir embrasser toutes les dimensions de l'être, dans l'optique d'aider et de faire partie de la survie de l'Être suprême ou Infini. Les scientologues révèrent la vie et considèrent Dieu comme une ultime raison d'être, mais cette considération n'implique pas des pratiques spécifiques qui se rapprocheraient des pratiques de « culte » comme les Églises chrétiennes traditionnelles l'envisagent. La Scientology est un mouvement qui rassemble des personnes de diverses confessions. Elle met l'accent sur de nouvelles conceptions de la création, sur le sens de la vie et sur le salut, et ses enseignements s'inspirent de différentes grandes traditions religieuses et de larges orientations scientifiques. Il est donc parfaitement normal que la Scientology présente ses théories sous forme de termes abstraits et universels et que sa conception du culte soit en conformité avec de telles perspectives. Sa position générale a été formulée de la façon suivante : « Dans la Scientology, la dévotion s'établit en termes de communication. En réalité, celui qui vénère est celui qui s'estime capable de combler la distance nécessaire à la communication avec l'Être suprême. » (La Scientology en tant que religion, p. 30).

L'essence de la Scientology réside dans la compréhension par la communication, communication avec le propre passé du thétan et avec l'environnement et, dans un sens comparable à la communication qui a lieu dans le cadre du culte chrétien, la communication avec la déité que l'individu recherche dans la prière et le service eucharistique quand il se comporte, comme le disent les Églises traditionnelles, comme un « communiant ». Globalement, le propos reste le même avec la purification de l'individu, la réhabilitation de son âme font partie intégrante d'un processus à plus long terme de salut. Dans la Scientology, une telle communication prend deux formes fondamentales : l'audition et la formation.

L'audition qui a lieu sous la forme d'une communication privée entre l'individu et son passé (celui du thétan), passe par l'intermédiaire de l'auditeur et de l'électromètre. Mais il s'agit essentiellement d'un processus permettant à l'individu d'avoir un meilleur rapport avec son moi réel et originel et en ce sens, de le mettre en contact avec une réalité spirituelle fondamentale.

Selon les Écritures de la Scientology, la formation représente une communication avec les vérités fondamentales et la raison de l'existence. Du fait d'une augmentation de sa compréhension, l'individu recherche une plus grande communication avec son moi fondamental, avec les autres et avec la vie dans son ensemble. Ces activités présentent également des caractéristiques du culte, même si des aspects tels que la vénération (d'une déité), l'ancienne forme d'abnégation et les anciens rites de dévotion se trouvent supplantés dans ce contexte moderne.

VIII. IX. Le but de survie de la Scientology

Le mot-clé qui révèle le but des services donnés dans les Églises de Scientology, est « survie », un concept constamment souligné dans la littérature scientologue. Néanmoins, la « survie » n'est pratiquement qu'un synonyme moderne de l'ancien concept religieux de « salut », et le salut représente le principal objectif du culte de toutes les religions. L'établissement d'un rapport entre une déité toute-puissante et des fidèles qui en dépendent, résultera en la diminution ou l'élimination des expériences défavorables et malheureuses et en la prolifération des bienfaits, pour aboutir au bienfait final de la vie éternelle.

La Scientology se préoccupe du salut du thétan, de sa libération du fardeau de la matière, de l'énergie, l'espace et du temps et de façon plus rapprochée, elle se préoccupe de sa capacité à surmonter les incapacités du corps et les vicissitudes de la vie de tous les jours. Le thétan, en sa qualité d'essence transhumaine ou âme, existe avant le corps physique et est supposé lui survivre. Cette survie est au bout du compte liée à la huitième dynamique, l'Être suprême, et aux services scientologues d'audition et de formation afin d'améliorer la conscience de cette ultime réalité. Par conséquent, la pratique donne l'occasion aux participants de renouveler et de renforcer leur connaissance du surnaturel. Dans le cadre du contexte élargi de ce que nous venons d'explorer, il s'agit là d'une occasion de culte et d'illumination.

VIII. X. L'audition et la formation

Le cœur des activités de la Scientology est constitué par l'audition et la formation. Elles représentent les voies du salut spirituel. C'est seulement par ces moyens que le thétan, à savoir l'individu, peut être libéré et atteindre une condition spirituelle d'être « cause » sur la vie et le monde matériel. L'audition où l'individu confronte les peines et les traumas de son propre passé, l'aide à contrôler sa vie et le libère des pulsions irrationnelles du mental réactif. Ainsi, on peut dire que la procédure d'audition entraîne le préclair dans la quête spirituelle du salut. Les bienfaits de cette procédure s'accumulent et mènent, au bout du compte, à un état dans lequel le thétan cesse d'être « embourbé » dans le monde matériel (MEST). Une telle quête spirituelle, dont le but ultime est le salut, aussi divergente soit-elle des apparences et spécifications doctrinales, constitue la préoccupation primordiale et centrale de toutes les religions évoluées du monde.

La formation a pour but de communiquer la sagesse à toute personne cherchant la connaissance et à ceux qui aident les autres sur le chemin de l'obtention du salut. Ces processus renferment l'exigence implicite que l'individu devra faire face à ses propres expériences passées et douloureuses et qu'il devra surmonter sa tendance à rendre les autres responsables de ses propres échecs. Pour ce faire, une formation doit être suivie par une série de cours de niveaux de plus en plus avancés, dans le cadre desquels l'étudiant apprend et perfectionne les techniques de l'audition. Et une fois le standard approprié atteint, on considère qu'il est capable de l'appliquer efficacement à n'importe quel préclair. La formation est organisée sous forme d'un programme intensif et toute personne ayant eu l'occasion de contempler la concentration de ceux qui suivent ces cours de formation, comme je l'ai eue lors de mes visites à l'Église de Scientology à Saint Hill Manor, ne peut qu'être impressionnée par le sérieux manifeste montré par les étudiants, ce qui bien sûr est un engagement religieux.

VIII. XI. L'erreur de Segerdal

La Scientology est une religion dont l'organisation n'est pas essentiellement celle de communautés traditionnelles. À une époque où les Églises établies commencent, à la lumière de la révolution contemporaine de la communication, à reconnaître les limites des structures congrégationnelles et à formuler d'autres schémas de culte, la Scientology, elle, a déjà évolué en une nouvelle procédure plus intensive de ministère spirituel.

La relation en face à face requise par l'audition et le système intensif de formation des auditeurs représentent un exemple d'actes thérapeutiques visant les progrès spirituels de chaque individu. Cela dépasse de loin toute pratique pastorale pouvant être offerte par n'importe quelle forme conventionnelle de ministère religieux.

Contrairement à l'idée populaire, le statut des pratiques de la Scientology en tant que culte n'a pas encore été pris en compte par la justice. Au cours d'un premier jugement, Regina contre le greffier général en présence de Segerdal et autre, en 1970, la question centrale consistait à déterminer si un bâtiment que l'Église de Scientology possédait à East Grinstead pouvait bénéficier de la qualification de « lieu de rencontre pour le culte religieux », en se basant sur le fait que les services que l'Église y tenait étaient conformes aux critères présentés pour déterminer ce qui constitue un culte. Parmi ces services, il y avait des sermons hebdomadaires et d'autres réunions, des baptêmes, des services funéraires et des cérémonies de mariage. Si dans ce cas, le juge Alfred Thompson

Denning a jugé que ces services spécifiques ne constituaient pas un culte, le noyau de la pratique religieuse de l'Église de Scientology réside en tout état de cause dans les procédés d'audition et la formation.

Pour les scientologues, c'est lors de ces activités que le culte est célébré, lors de la communication avec la réalité spirituelle, et non pas lors des services sur lesquels la justice avait basé sa décision dans le procès de Segerdal. Bien sûr, de telles activités de culte qui ne respectent pas une déité peuvent ne pas être en conformité avec le modèle invoqué par la Cour, celle-ci ayant un culte chrétien à l'esprit, mais pour leurs pratiquants, il s'agit bien d'un culte.

Il est évident, au travers de ce qu'il fut suggéré ci-dessus (paragraphes VIII. I à VIII. VI), qu'en tout état de cause, les religions n'acceptent pas toutes le principe d'un Être suprême. Dans le procès de Segerdal, le juge Denning fit mention du bouddhisme qu'il acceptait comme une exception possible à ce principe et déclara qu'il pouvait y en avoir d'autres. Pourquoi la Scientology n'en serait-elle pas une ? S'il existe des exceptions, cela ne remet-il pas en question le principe lui-même et est-ce que la définition alors employée ne s'en trouve-t-elle pas annulée ? Malgré la discussion sur les exceptions, la tendance à revenir au concept d'un Être suprême comme d'un élément constitutif nécessaire d'un culte indique dans quelle mesure les préjugés culturels persistent, même en présence de preuves contraires provenant d'autres cultures.

En fait, il est certain que la Scientology reconnaît un Être suprême, mais elle conçoit cette entité comme quelque chose qui ne peut pas être facilement appréhendé et avec qui la communication est chose rare, en l'état actuel de la connaissance humaine. Ainsi, bien que la Scientology conçoive l'existence d'un Être suprême, elle ne présume pas que les Hommes ont normalement une connaissance approfondie de cet Être. Cette attitude constitue en elle-même une forme d'humilité qui manque parfois dans les religions où les individus sont encouragés à déclarer effrontément qu'ils connaissent la volonté et l'esprit de Dieu.

Dans l'optique de cette approche limitée de l'Être suprême, les attitudes de dépendance, fréquentes dans le christianisme, et accompagnées de supplications, de vénération, de louanges et d'interventions, deviennent inappropriées. Elles devraient l'être également pour les chrétiens qui adhèrent à la formulation de la définition de l'Être suprême avancée par les théologiens modernes (voir paragraphe IV. II.). Les scientologues accordent une grande place au respect et considèrent la création comme un objet de révérence, mais en l'absence d'un Dieu conçu en des termes anthropomorphes, les éléments et la forme du culte présents dans la tradition judéo-chrétienne-islamique deviennent alors inadéquats. Quand l'essence du culte est considérée comme son but et ses objectifs et non pas comme sa forme extérieure, il n'est pas difficile d'admettre que les pratiques scientologues constituent une forme de culte.

IX. Évaluation de la Scientology par des universitaires

IX. I. Des spécialistes se penchent sur la Scientology

Les éléments constitutifs d'une religion d'après les spécialistes sont basés, en fin de compte, sur l'observation du comportement humain : les phénomènes que l'on peut observer dans la pratique d'un culte fournissent les éléments empiriques nécessaires à une prise de décision sur sa nature religieuse. Le développement de disciplines universitaires dédiées à l'objectivité, au détachement et à la neutralité éthique et le déclin de l'influence des approches normatives (typiques dans la théologie) ont fourni de nouvelles bases à l'évaluation de ce qui constitue une religion.

IX. II. Le statut religieux de la Scientology d'après les spécialistes

Les sociologues spécialisés dans l'étude objective des religions reconnaissent généralement la Scientology comme une religion. Une analyse de la Scientology est incluse dans Religious Movements in Contemporary America, édité par Irving I. Zaretsky et Mark P. Leone, (Englewood Cliffs, N. J. : Prentice-Hall, 1973), dans lequel l'auteur attribue à la Scientology le statut de religion. Dans un ouvrage édité par la sociologue anglaise, Eileen Barker, Of Gods and Men : New Religious Movements in the West, (Macon, Georgie : Mercer University Press, 1983), la Scientology est sans doute aucun qualifiée de religion dans, trois ou quatre traités qui mettent leur attention sur ce mouvement en particulier. Dans un quatrième traité (Participation Rates in New Religious and Para-Religious Movements par Frederick Bird et William Reimer, Université Concordia, Montréal), la Scientology est mentionnée, en passant, comme étant un nouveau mouvement thérapeutique et d'une manière implicite, comme étant un mouvement para-religieux. Néanmoins, les auteurs déclarent avoir inclus la Scientology et d'autres mouvements « car dans le cadre de leur symbolisme et de leurs rites, ils désirent de manière étonnamment similaire donner naissance à un réservoir de puissance sacrée en chaque personne [...] » (p. 218).

Dans un autre ouvrage, également édité par Eileen Barker, New Religious Movements: A Perspective for Understanding Society, (New York : Edwin Mellen Press, 1982), la Scientology n'est que brièvement mentionnée par un ensemble d'auteurs divers, mais on n'y trouve nulle part une suggestion quelconque

que la Scientology ne soit autre chose qu'un mouvement religieux et elle est incluse dans le glossaire des Nouveaux mouvements religieux qui se trouve à la fin de la publication en question.

Dans une courte étude dédiée au sectarisme menée par le présent auteur (Bryan Wilson, Religious Sects, (Londres : Weidenfeld et New York, MacGraw Hill, 1970)) qui donnait une classification des types de cultes, la Scientology a été incluse : je l'avais considérée (et la considère toujours), sans équivoque possible, comme un corps religieux incontestable. Dans cette étude, la Scientology a été classée au même titre que la Science chrétienne, la théosophie, la Société Aetherius et que divers mouvements de Nouvelle Pensée (tels que l'Église de la science religieuse, l'École unitaire du christianisme et la science divine).

En 1990, j'ai publié un livre The Social Dimensions of Sectarianism, (Oxford : Clarendon Press) qui rassemble plusieurs études sur divers cultes et nouveaux mouvements religieux. Un chapitre intitulé « La Scientology : une religion sécularisée », était spécifiquement consacré au fait de savoir si la Scientology pouvait être reconnue ou non comme une religion. J'en avais conclu que la

Scientology devait être reconnue comme telle et qu'elle embrassait des concepts et des préceptes en harmonie avec les sociétés contemporaines, sécularisées et rationalisées.

Des études sociologiques plus récentes adoptent la même position. Ainsi le Dr Peter Clarke, directeur du Centre des nouvelles Religions du King's College de Londres, dans son livre The New Evangelists (Londres : Ethnographica, 1987), lors de l'estimation de la taille et de la croissance des nouveaux mouvements religieux en Europe, n'hésite pas à inclure la Scientology parmi les religions. Dans son livre Cult Controversies: Societal Responses to the New Religious Movements (Londres : Tavistock, 1985), le professeur James A. Beckford, actuellement professeur de sociologie à l'Université de Warwick, emploie le terme de « secte » à titre de geste envers les idées préconçues du public, mais ne le fait qu'après avoir rejeté toutes les connotations péjoratives du mot. Il est plus important cependant de remarquer qu'il reconnaît sans réserve la Scientology comme une religion. Il écrit (p. 12) :« Les sociologues [sont] en désaccord sur une désignation appropriée des mouvements religieux tels que l'Église de l'unification, la Scientology, les enfants de Dieu et la société internationale pour la conscience de

Krishna... » Ce désaccord porte sur la désignation de tels mouvements en tant que sectes, cultes ou simplement en tant que nouveaux mouvements religieux. Mais James Beckford ne laisse aucun doute à son lecteur sur le fait que tous ces mouvements sont des religions.

La personne qui fait le plus autorité en la matière, le professeur Eileen Barker de la Faculté des Sciences économiques de Londres, également fondatrice et ancienne directrice de l'INFORM (Information Network Focus on New Religious Movements), organisation subventionnée directement par le Bureau de l'Intérieur du gouvernement britannique, a écrit un livre New Religious Movements : A Practical Introduction (Londres : Her Majesty's Stationery Office, 1989) avec l'intention d'apporter au public (et spécialement aux parents de personnes nouvellement converties) des informations exactes sur les nouvelles religions et sur l'attitude à adopter à leur égard. Dans cet ouvrage, elle estime normal que la Scientology fasse partie de son sujet d'étude en tant que religion (p. 147) et elle inclut l'Église de Scientology dans une annexe dans laquelle quelque vingt-sept nouveaux mouvements religieux sont décrits.

IX. III. La Scientology est-elle une religion ? par le professeur Flinn

Dans le cadre d'une compilation de traités spécialisés édités par le sociologue jésuite Joseph H. Fichter, membre de la Compagnie de Jésus et professeur de l'Université Loyola à la Nouvelle-Orléans, (Alternatives to American Mainline Churches, Press, 1983),New York : Rose of Sharon Press, 1983), Frank K. Flinn, aujourd'hui professeur agrégé d'études religieuses à l'université Washington de Saint-Louis, dans le Missouri, aborde en détail la question du statut religieux de la Scientology. Il se penche d'abord sur le statut religieux de la Dianetics :

> « Nombre de commentateurs déclarent que la Scientology est une thérapie mentale déguisée en religion. Le cœur de la question est de savoir s'il est possible de séparer la thérapie de la religion ou même de la philosophie, au moyen d'une règle claire et nette. Le mot therapeuo (guérir, soigner, restaurer) revient fréquemment dans le Nouveau Testament et se réfère à la fois aux guérisons spirituelles et physiques de Jésus de Nazareth. [...]

Même si la Dianetics a des dispositions religieuses et spirituelles, il ne s'agit pas encore d'une religion au plein sens du terme. [...] La Dianetics ne promet pas ce que l'on peut appeler des récompenses "transcendantales" comme aboutissement normal de sa thérapie. Elle promet cependant une récompense « au-delà de la normale ». [...] Deuxièmement, dans le mouvement au stade de la Dianetics, les engrammes remontaient au plus tôt, à l'état fœtal... Troisièmement, la Dianetics ne se composait que de quatre « dynamiques" ou « aspirations à la survie », le soi, la sexualité, le groupe et l'humanité... Quatrièmement, les techniques d'audition appliquées dans la phase de Dianetics n'utilisaient pas « l'électromètre ». Il y a eu de nombreuses discussions concernant le moment où la Scientology est devenue une religion. On pourrait prendre l'enregistrement officiel de la Hubbard Association of Scientologists à Phoenix en Arizona en 1952, ou encore l'établissement de la Founding

Church of Scientology en 1954. Cependant, l'enregistrement officiel et légal ne nous indique pas quand les concepts spécifiquement religieux se sont développés dans la propre conscience de l'Église. Pour autant, ces débats rappellent les disputes qui eurent lieu au XIXᵉ siècle sur la naissance du christianisme. Était-ce pendant la vie de Jésus ? À la Pentecôte ? Pendant le ministère de Paul et des Apôtres ? (pp. 96 et 97)

Frank K. Flinn considère ensuite les quatre facteurs mentionnés ci-dessus lors du passage de la Dianetics à la Scientology, et il note que le premier facteur, le passage aux buts transcendantaux, est marqué par le passage du but de « Clair » au but visant à la reconnaissance d'un « Thétan Opérant ». Et il ajoute : « Le concept de "thétan" n'indique plus une condition mentale, mais est désormais analogue au concept chrétien "d'esprit" ou "d'âme" immortelle et supérieure au cerveau et au mental. » (p. 98) Deuxièmement, les engrammes remontent désormais jusqu'aux vies antérieures. Troisièmement, de nouvelles dynamiques furent ajoutées, pour inclure la survie des animaux, l'univers matériel, l'esprit et l'infinité. Et quatrièmement, l'électromètre est apparu, au sujet duquel il dit : « Du point de vue que j'exprime [...] l'utilisation de l'électromètre est plutôt vu comme une "technologie sacrée". Tout comme les chrétiens définissent un sacrement (par exemple le baptême) comme un "signe extérieur visible d'une grâce intérieure invisible", les scientologues considèrent l'électromètre comme un indicateur externe visible d'un état interne invisible ("Clair"). » (p. 99)

Et Frank Flinn ajoute ce commentaire supplémentaire :

> « Le mot religion vient de religare qui veut dire "relier". Cela me conduit à la définition globale de religion en tant que système de croyances exprimé en symboles qui lie des individus et/ou des groupes, qui établit un ensemble de pratiques religieuses (rites) et qui est soutenu par un mode de vie organisé. Les croyances, les pratiques et le mode de vie lient les gens de façon à donner à leur existence un sens ultime. Si toutes les religions renferment des éléments rudimentaires affiliés à ces trois aspects, certaines insistent plus, par exemple sur le système d'organisation

ou sur le mode de vie, plutôt que sur le système de croyances ou de pratiques rituelles. Avec la Scientology, on a l'exemple d'un groupe qui débuta avec des pratiques religieuses (les techniques d'audition), puis qui développa très vite une solide structure ecclésiastique et qui seulement après cela, formalisa son système de croyances en credo. Cela ne veut pas dire que le système de croyances n'était pas latent lors des phases précédentes de l'évolution de l'Église. Simplement, il n'était pas codifié de manière formelle [de la façon dont] la technologie de l'organisation l'était, dès le début. »
(pp. 104 et 105)

Par « solide structure ecclésiastique », Frank Flinn fait allusion à l'organisation générale de la Scientology, à son système de cours et de procédés d'audition, organisé de façon hiérarchique.

X. La Scientology et d'autres religions

156

X. I. Les similitudes entre la Scientology et les autres religions

La Scientology diffère radicalement des Églises chrétiennes traditionnelles et des cultes dissidents en matière d'idéologie, de pratique et d'organisation. Pourtant, au sens large, qui devrait d'ailleurs prévaloir dans une société multiculturelle et multireligieuse, il est évident qu'essentiellement, la Scientology occupe une place semblable à celle des autres mouvements que l'on qualifie incontestablement de religions. Idéologiquement, elle comporte des ressemblances significatives avec l'école du samkhya de l'hindouisme. Dans ses activités collectives qui sont bien moins centrales que celles des mouvements non-conformistes, il existe néanmoins des aspects importants semblables à ceux de certaines organisations non-conformistes. Ses objectifs théologiques du salut sont formellement métaphysiques et ressemblent sous certains aspects à ceux de la science chrétienne.

X. II. La double appartenance

La Scientology présente la caractéristique particulière que ses membres ne sont pas tenus de renoncer à leurs croyances religieuses précédentes avant d'adhérer au mouvement scientologique. On serait porté à croire que la Scientology se contente tout simplement d'être une croyance complémentaire ou supplémentaire, mais une telle conclusion serait complètement injustifiée. J'ai discuté de cet aspect de la Scientology avec certains dirigeants de l'Église de même qu'avec des scientologues, et ils m'ont répondu que l'exclusivité, quoique non exigée, devient tout simplement une question de pratique. Selon eux, au fur et à mesure qu'un membre s'implique dans la Scientology, il a tendance à abandonner sa croyance antérieure. Par exemple, l'expérience m'a démontré qu'un israélite qui devient scientologue pourrait demeurer affilié au judaïsme pour des raisons culturelles et célébrer les fêtes juives en famille et entre amis, mais il ne pratiquera pas sa religion et n'adhérera pas à la théologie juive. Cette explication m'apparaît valable de mon point de vue de spécialiste. Les scientologues perçoivent leur croyance comme une religion à part entière qui exige le dévouement de ses membres.

De plus, tandis que la tradition judéo-chrétienne-musulmane considère que l'engagement religieux doit être exclusif et ne tolère pas la double ou multiple adhésion, ce principe est loin d'être universel parmi les religions. De même, ce n'est pas exigé dans la plupart des branches de l'hindouisme et dans le bouddhisme. Le Bouddha n'interdit pas le culte de dieux locaux. L'hindouisme est tolérant en ce qui a trait aux allégeances multiples. Au Japon, un grand nombre de citoyens sont à la fois bouddhistes et shintoïstes. La symbiose des religions constitue un phénomène bien connu et à certains égards, cela s'est déjà produit dans l'histoire du christianisme (par exemple, la tolérance du spiritualisme ou du pentecôtisme par certains évêques anglicans, bien que ces croyances ne fussent pas reconnues officiellement par la doctrine). Le fait que la Scientology adopte une position différente de celle des chrétiens de l'Occident à l'égard des affiliations doubles ou multiples ne constitue pas un motif valable pour lui refuser son statut de religion.

X. III. *Les éléments populaires et ésotériques de la Scientology*

L'image publique de la Scientology ne se conforme pas aux stéréotypes habituels des religions. Sa littérature peut être divisée en littérature populaire très largement diffusée et en littérature ésotérique. La littérature populaire comprend principalement les principes de base de la métaphysique de la Scientology et leur application pratique pour aider les gens à résoudre leurs problèmes de communication et de relations humaines, et à conserver une vision intelligente, rationnelle et positive de la vie. Le corpus restreint de littérature ésotérique, disponible uniquement aux étudiants avancés de Scientology, offre à la fois un compte rendu plus complet de la métaphysique de la religion et des techniques d'audition de plus en plus avancées. Ce corpus présente en détail la théorie du thêta (pensée primale de l'esprit), sa dégradation suite à son implication dans l'univers de la matière, de l'énergie, de l'espace et du temps au cours des vies passées, et il montre le chemin par lequel l'Homme peut acquérir – autrement dit, re-gagner – des aptitudes spirituelles. On estime que seuls les scientologues bien avancés sont capables de saisir l'importance de ce système de croyances et de comprendre entièrement les procédés d'audition de plus hauts niveaux définis dans les écrits ésotériques.

La Scientology n'est pas la seule religion à faire la distinction entre les enseignements exotériques et les enseignements ésotériques, Au sujet du principe énoncé par Jésus « J'ai encore bien des choses à vous dire, mais elles ne sont pas à votre portée maintenant » (Jean 16 : 12) et par Paul qui faisait la distinction entre l'aliment solide pour les adultes et le lait pour les enfants (I Cor. 3 : 1-

3 et Hébreux 5 : 12-14), divers mouvements chrétiens ont maintenu une distinction entre un niveau élémentaire et des doctrines et pratiques avancées.

La tradition gnostique générale en marge du christianisme s'occupait catégoriquement de préserver les doctrines ésotériques. Et des mouvements contemporains, parfois identifiés par les érudits comme des cultes « de type gnostique », ont souvent fait ces distinctions. La science chrétienne en est un bon exemple, car ceux qui aspirent à devenir pratiquants reçoivent un enseignement général rehaussé de sujets enseignés par des enseignants spécialisés dans des cours particuliers, dont le contenu demeure confidentiel. Ces cas mis à part, l'Église de Jésus-Christ des saints des derniers jours n'admet à ses cérémonies spécifiques que les mormons dont la réputation est sans tache et qui reçoivent une autorisation de leur évêque. Cela signifie, notamment, qu'ils ont payé leur dîme correspondant à dix pour cent de leurs revenus. Personne d'autre ne peut assister à ces rites.

Plus près du courant protestant, les pentecôtistes ne divulguent la signification entière de leur enseignement et de leur pratique des « dons de l'esprit » que durant des services spécifiques et non durant les réunions organisées pour attirer un auditoire non-pentecôtiste. La justification de cette différence est également un principe d'enseignement, les ouvrages de référence ne sont disponibles qu'à ceux qui ont suivi antérieurement des cours élémentaires leur permettant d'assimiler un enseignement de niveau supérieur. La Scientology a adopté cette ligne de pensée, car son enseignement exige des efforts concentrés et systématisés de la part des étudiants.

XI. La marque de la religion appliquée à la Scientology

QU'EST-CE QU'UNE RELIGION? DÉFINITION SOCIOLOGIQUE
La Scientology: analyse et comparaison de ses doctrines et systèmes religieux

XI. I. *L'élimination des préjugés culturels*

L'appréciation de nouveaux mouvements religieux pose plusieurs difficultés. L'une d'entre elles survient dans la plupart des sociétés où il existe des hypothèses inexprimées concernant la religion et qui accordent beaucoup d'importance à l'antiquité et à la tradition.

L'expression et les coutumes religieuses sont souvent légitimées en se référant spécifiquement à la tradition. Les innovations en matière de religion ne sont pas facilement encouragées ou acceptées.

La forte prise de position normative de l'orthodoxie (particulièrement dans la tradition judéo-chrétienne-islamique) qui interdit les déviations et qui utilise un langage très péjoratif pour les décrire (« secte », « culte », « non-conformiste », « dissidence », etc.), constitue un second problème.

Le troisième problème fut mentionné dans les paragraphes précédents, notamment qu'il est particulièrement difficile pour ceux qui manquent de culture et qui ont été élevés dans une tradition religieuse spécifique de comprendre le système de croyance des autres, de saisir l'essence de leurs aspirations religieuses, et de reconnaître la légitimité de leurs moyens d'expression.

Les idées religieuses renferment certains préjugés culturels et une étroitesse d'esprit. Cependant, lorsqu'on cherche à interpréter un mouvement comme la Scientology, il est indispensable que ces obstacles soient reconnus et transcendés. Ceci ne signifie pas qu'une personne doive adhérer à une croyance religieuse pour la comprendre, mais un certain accord doit être établi si l'on veut que les convictions des autres soient respectées.

XI. II. La situation maintenant

La discussion qui précède est nécessairement variée et logique. Elle implique, en passant, des comparaisons avec d'autres mouvements religieux, un examen de la documentation écrite par les scientologues et celle sur la Scientology écrite par des observateurs spécialisés. L'histoire, les doctrines, les pratiques, et l'organisation religieuse et les implications morales de la Scientology ont été brièvement étudiées en portant une attention particulière aux plus importantes facettes de l'appréciation du statut religieux du mouvement. Une telle évaluation, au cours de laquelle de nombreuses considérations pertinentes ont été prises en compte, confirme l'argument selon lequel la Scientology est une religion. Cependant, étant donné que nous avons tenté (paragraphe II. I ci-dessus) d'expliquer en termes de généralisation abstraite ces caractéristiques et ces fonctions qui ont une distribution très vaste, et par conséquent une forte probabilité, dans les systèmes religieux, il est maintenant approprié de se servir volontairement de ce modèle comme d'une référence pour permettre à la Scientology d'être reconnue en tant que religion. Il existe de grandes divergences entre la terminologie utilisée dans la Scientology et les caractéristiques de ce modèle, mais cela pourrait dans une certaine mesure, être le cas de nombreux, voire de tous les mouvements religieux. Néanmoins, en prenant pour acquis la généralité des concepts abstraits employés, il serait possible de percevoir, sans difficulté ou possibilité d'erreur, la mesure dans laquelle la Scientology satisfait aux desiderata de notre inventaire.

XI. III. La Scientology à la lumière des éléments représentatifs d'une religion

Nous comparons maintenant les attributs de la Scientology à un inventaire statistique des caractéristiques et des fonctions d'une religion telles qu'énoncées au paragraphe II. Nous avons noté par accord les aspects sur lesquels la Scientology est d'accord ou partiellement d'accord, par non-accord ou non-accord partiel ceux qui n'ont aucun lien de correspondance et par indéterminé tous les autres aspects.

(a) Les thétans sont des entités qui transcendent la perception normale des sens. Il est à noter également que la Scientology affirme l'existence d'un Être suprême. Accord.

(b) La Scientology estime que les thétans ont créé l'ordre naturel. Accord.

(c) Les thétans occupent des corps humains, ce qui entraîne une intervention continue dans le monde matériel. Accord.

(d) Les thétans opéraient déjà avant le cours de l'histoire humaine. Ils ont créé l'univers physique et ils occupent des corps pour leur propre plaisir, pour avoir une identité et pour avoir un jeu.

Toutefois, le but en est indéfini et l'Être suprême dans la Scientology n'est pas représenté avec des buts définis. Accord partiel.

(e) L'activité des thétans et l'activité des êtres humains sont identiques. Dans la mesure où le thétan se libérera du mental réactif, cela influera profondément sur ses vies futures. De même, ce même processus influera profondément sur sa vie actuelle. Accord.

(f) Un individu peut influencer sa destinée, au cours de cette vie et au cours des vies ultérieures, grâce à l'audition et à la formation. Accord.

(g) Les cérémonies symboliques dans le sens traditionnel du culte (par exemple, la messe catholique) sont minimales et rudimentaires dans la Scientology, telles qu'elles le sont chez les quakers, mais elles existent. Néanmoins, pour adopter une position prudente, nous pouvons estimer que ce point est indéterminé.

(h) Les actions propitiatoires (comme le sacrifice ou la pénitence, par exemple) ne figurent pas dans la Scientology. L'individu recherche la sagesse et la connaissance spirituelle. Non-accord.

(i) Les manifestations de dévotion, de gratitude, de révérence et d'obéissance à l'égard d'entités surnaturelles sont pour ainsi dire non existantes, sauf dans les rites de passage prescrits dans la Scientology. Non-accord.

(j) Bien que la Scientology ait un langage distinctif lui donnant les moyens de renforcer les valeurs internes au groupe, et bien que l'écriture ou les enseignements de L. Ron Hubbard soient considérés comme sacrés dans le sens général du terme, on ne peut pas dire que ce soit conforme au sens technique de sacré en tant que « choses à part et défendues ». Non-accord.

(k) Les cérémonies à l'occasion d'une célébration ou d'une pénitence collective ne sont pas une caractéristique importante de la Scientology, mais au cours des dernières années, le mouvement a instauré un certain nombre de fêtes commémoratives, telles que la célébration de l'anniversaire de la naissance de Ron Hubbard, la date de la fondation de l'International Association of Scientologists et la Journée des auditeurs, en l'honneur de leur dévouement. Accord partiel.

(l) Les scientologues se livrent à relativement peu de rites collectifs, mais les enseignements du mouvement présentent une conception philosophique du monde, et ainsi attirent des membres en leur donnant un sentiment de camaraderie et d'identité commune. Accord partiel.

(m) La Scientology n'est pas une religion très moraliste, mais le souci des convenances morales s'est amplifié à mesure que la portée de ses conclusions métaphysiques est devenue apparente. Depuis 1981, les attentes des scientologues sur le plan moral ont été clairement énoncées. Elles ressemblent aux dix Commandements et réaffirment le besoin formulé depuis longtemps de réduire les « actes néfastes ». Les doctrines relatives au mental réactif et à la réincarnation adoptent des orientations morales semblables à celles du bouddhisme. Accord.

(n) La Scientology insiste sur le caractère sérieux du but, l'engagement continu et la loyauté envers l'organisation et ses membres. Accord.

(o) Dans la Scientology, les enseignements relatifs à la réincarnation sont entièrement conformes à ces critères. Un mental réactif ne cesse de s'accumuler et nuit au thétan, mais on peut y remédier en appliquant les techniques de la Scientology. Accord.

(p) La Scientology a des membres permanents qui ont principalement le rôle de « ministres » (auditeurs), certains d'entre eux sont également des aumôniers assumant des tâches de supervision et de pastorat. Les auditeurs, les responsables des cours et les aumôniers (en fait tous les membres permanents) cherchent à protéger la théorie et la pratique de la Scientology de toute déviation et en ce sens, ils en sont les gardiens. Accord.

(q) Les auditeurs, les responsables des cours et les aumôniers sont rémunérés. Accord.

(r) La Scientology a un fond de doctrine métaphysique qui offre une explication sur le sens de la vie et sur son but, et une théorie élaborée sur la psychologie humaine, ainsi que sur l'origine et le fonctionnement de l'univers physique. Accord.

(s) La légitimité de la Scientology se présente sous forme de révélation formulée par L. Ron Hubbard. Les propres sources de L. Ron Hubbard font mention de l'ancienne sagesse de l'Orient mais déclarent être presque entièrement les résultats de recherches. Ce mélange d'attraction vers la tradition, le charisme et la science se retrouve dans d'autres mouvements religieux contemporains comme la science chrétienne. Accord partiel.

(t) Les prétentions à la vérité de certaines des doctrines de la Scientology ne peuvent pas être soumises à un test empirique, mais l'efficacité de l'audition semble pouvoir être démontrée pragmatiquement. Cependant, les buts de la Scientology dépendent de la foi dans les aspects métaphysiques de la doctrine, même si toutefois, on déclare que les méthodes sont susceptibles d'être soumises à un test empirique. Accord partiel.

XI. IV. Comparaisons passées en revue

En tenant compte de l'inventaire statistique de la religion, l'évaluation de la Scientology a donné les résultats suivants : il y a un accord sur onze points, il y a un accord partiel sur cinq points, il y a un non-accord sur trois points et un point est indéterminé. On ne peut pas présumer que ces diverses caractéristiques et fonctions relatives à la religion ont la même importance, et leur nombre ne devrait pas établir une base trop mécanique pour l'évaluation. Certains points, comme l'existence d'un corps rémunéré de spécialistes par exemple, bien que communs aux religions, ne se limitent pas aux religions, et il est donc possible qu'on estime qu'ils ont moins de portée que certains autres points. De même, il se peut que l'élément propitiatoire commun aux religions soit simplement considéré comme un reliquat d'anciens modèles revêtant un aspect presque magique, dont les mouvements religieux les plus récemment institués se sont libérés. Alors qu'une grande partie des religions traditionnelles font face à la plupart de ces probabilités, plusieurs confessions bien établies sont en désaccord avec certaines d'entre elles. Nous avons constaté ce fait chez les quakers en ce qui concerne le culte, et dans la science chrétienne en ce qui concerne la légitimation. Les unitariens ne seraient pas à la hauteur en ce qui concerne plusieurs points : culte, sacralisation, idée générale sur le péché et la vertu, et peut-être l'importance de l'enseignement métaphysique. Ni les christadelphes ni les quakers ne satisferaient aux critères relatifs aux spécialistes religieux ou à leur rémunération.

XI. V. Les scientologues perçoivent leurs croyances comme une religion

L'utilisation de l'inventaire précédent ne devrait pas être permise pour donner l'impression que les résultats de ces recherches ne reposent que sur un raisonnement formel ou abstrait. L'inventaire sert de base à l'évaluation de l'évidence empirique, c'est-à-dire les faits et gestes observés. De nombreux scientologues ressentent fortement leur propre engagement religieux. Ils perçoivent leurs croyances et leurs pratiques comme une religion, et beaucoup y apportent des niveaux d'engagement supérieurs à ceux que l'on trouve normalement parmi les croyants des Églises traditionnelles. À cet égard, de nombreux scientologues se comportent comme des membres de sectes chrétiennes. Ils sont généralement plus intensément engagés dans leur religion que ne le sont la plupart des croyants des Églises et des confessions établies depuis longtemps. En tant que sociologue, je vois en la Scientology un véritable système de croyances et de pratiques religieuses qui suscite chez ses adhérents un engagement profond et sérieux.

XI. VI. Les changements contemporains dans la religion

Nous avons constaté que toutes les religions ont été soumises à un processus d'évolution : elles changent au fil du temps. Il arrive aussi que la religion en elle-même soit soumise au changement. En tant que produit social, la religion prend la couleur et le caractère de la société dans laquelle elle fonctionne, et les mouvements les plus récents révèlent des caractéristiques qui ne se trouvaient pas dans les plus anciens mouvements (tout du moins au moment de leur création).

De nos jours, de nouveaux développements dans la religion font ressortir qu'on se soucie beaucoup moins d'une réalité objective de « l'au-delà », et qu'on s'intéresse plus à l'expérience subjective et au bien-être psychologique. Donc on se soucie moins des formes traditionnelles du culte, et on s'intéresse davantage à l'obtention d'une promesse (qui est elle-même un type de salut) auprès d'autres sources que le prétendu réconfort donné par un sauveur-dieu lointain. Nous devons donc nous attendre à ce que l'insistance sur ce fait devienne apparente dans l'inventaire que nous avons utilisé comme modèle. Le modèle montre que beaucoup de choses subsistent encore en religion, mais qu'elles proviennent d'une pratique ancienne. Les religions les plus récentes, même les religions aussi anciennes que les principales confessions protestantes, ne seront pas en accord avec ces arguments : elles présentent les caractéristiques du stade d'évolution au cours duquel elles ont pris naissance.

Nous devons donc accepter le fait que les mouvements contemporains ne seront pas d'accord avec tous les points énoncés dans notre modèle (relativement intemporel). En tenant compte de tout cela, je peux voir clairement que la Scientology est une religion authentique et qu'elle devrait être considérée comme telle.

L'auteur

Bryan Ronald Wilson (25 june 1926 a 9 Octobre 2004), était lecteur émérite en sociologie à l'Université d'Oxford. De 1963 à 1993, il a également été membre du All Souls College où en 1993 il a été élu membre émérite.

Pendant plus de quarante ans, il a mené des recherches sur les mouvements religieux minoritaires en Grande-Bretagne et à l'étranger (aux États-Unis, au Ghana, au Kenya, en Belgique et au Japon, entre autres). Son travail consistait à lire les publications de ces mouvements et, dans la mesure du possible, à s'associer à leurs membres lors de réunions, de leurs services et à leur domicile.

Il a également porté une attention soutenue aux travaux d'autres érudits et en fait une appréciation critique. Il était titulaire d'une licence ès sciences (économiques) et Dr ès lettres de l'Université de Londres, et il avait une maîtrise de lettres de l'Université d'Oxford. En 1984, l'Université d'Oxford a reconnu la valeur de son œuvre publiée en lui attribuant le titre universitaire de Dr ès lettres. En 1992, l'Université catholique de Louvain en Belgique lui a décerné le diplôme de Dr honoris causa. En 1994, il a été élu membre de l'Académie britannique.

À différentes périodes, il a obtenu d'autres titres:

Membre du Fonds du Commonwealth (Fondation Harkness) à l'Université de Californie, Berkeley, États-Unis, 1957 – 1958

Professeur invité, Université du Ghana, 1964
Membre du Conseil américain des sociétés savantes à l'Université de Californie, Berkeley, États-Unis, 1966 – 1967

Consultant chercheur en sociologie des religions à l'Université de Padoue, Italie, de 1968 à 1972
Membre invité de la Société japonaise, 1975

Professeur invité, Université catholique de Louvain, Belgique en 1976, 1982, 1986 et 1993

Professeur invité à la conférence Snider, Université de Toronto, Canada, 1978

Professeur invité en sociologie des religions, et consultant pour les études religieuses à l'Université de Mahidol, Bangkok, Thaïlande, 1980-1

Membre invité orateur dans le cadre du programme George Scott, collège Ormond, Université de Melbourne, Australie, 1981

Professeur invité, Université de Queensland, Australie, 1986

Professeur distingué invité, Université de Californie, Santa Barbara, Californie, États-Unis, 1987

De 1971 à 1975, il a été président de la Conférence internationale de sociologie religieuse (l'organisation mondiale de cette discipline). En 1991, il a été élu président d'honneur de cette organisation, maintenant renommée Société internationale de sociologie des religions.

Membre du Conseil de la Société pour l'étude scientifique de la religion (États-Unis), 1977 à 1979
Pendant plusieurs années, il a été rédacteur adjoint européen du Journal pour l'étude scientifique de la religion.

Pendant six ans, il a été rédacteur adjoint de la Revue annuelle des sciences sociales de la religion.

Il a donné de nombreuses conférences sur les mouvements religieux minoritaires en Grande-Bretagne, en Australie, en Belgique, au Canada, au Japon et aux États-Unis, et parfois en Allemagne, en Finlande, en France, aux Pays-Bas, en Norvège et en Suède.

Il a été convoqué en tant que témoin expert sur les sectes devant les tribunaux en Grande-Bretagne, aux Pays-Bas, en Nouvelle-Zélande et en Afrique du Sud et a fourni des dépositions pour les tribunaux en Australie et en France. Il a aussi été convoqué pour fournir par écrit ses conseils d'expert sur les mouvements religieux pour le Comité des affaires intérieures de la Chambre des communes.